U0521208

"中国式现代化的故事"丛书

张占斌 总主编

中共黑龙江省委党校（黑龙江省行政学院） 编著

振兴之路

中国式现代化的黑龙江故事

中央党校出版集团
国家行政学院出版社

图书在版编目（CIP）数据

振兴之路：中国式现代化的黑龙江故事 / 中共黑龙江省委党校（黑龙江省行政学院）编著. -- 北京：国家行政学院出版社，2025.1. -- （"中国式现代化的故事"丛书 / 张占斌主编）. -- ISBN 978-7-5150-3023-4

Ⅰ.D673.5

中国国家版本馆CIP数据核字第2025VJ7936号

书　　名	振兴之路——中国式现代化的黑龙江故事
	ZHENXING ZHI LU——ZHONGGUOSHI XIANDAIHUA DE HEILONGJIANG GUSHI
作　　者	中共黑龙江省委党校（黑龙江省行政学院）编著
统筹策划	胡　敏　刘韫劼　陈　科
责任编辑	陈　科　陆　夏
责任校对	许海利
责任印刷	吴　霞
出版发行	国家行政学院出版社
	（北京市海淀区长春桥路6号　100089）
综 合 办	（010）68928887
发 行 部	（010）68928866
经　　销	新华书店
印　　刷	北京新视觉印刷有限公司
版　　次	2025年1月北京第1版
印　　次	2025年1月北京第1次印刷
开　　本	170毫米×240毫米　16开
印　　张	16.5
字　　数	224千字
定　　价	76.00元

本书如有印装问题，可联系调换。联系电话：（010）68929022

出版说明

党的二十大报告指出，从现在起，中国共产党的中心任务就是团结带领全国各族人民全面建成社会主义现代化强国、实现第二个百年奋斗目标，以中国式现代化全面推进中华民族伟大复兴。习近平总书记在中央党校建校90周年庆祝大会暨2023年春季学期开学典礼上的讲话中首次创造性提出"为党育才、为党献策"的党校初心。紧扣党的中心任务，践行党校初心，中央党校出版集团国家行政学院出版社和中央党校（国家行政学院）中国式现代化研究中心特别策划"中国式现代化的故事"丛书，邀请地方党校（行政学院）、宣传部门、新闻媒体、行业企业等方面共同参与策划和组织编写，从不同层次、不同维度、不同视角讲述中国式现代化的地方故事、企业故事、产业故事，生动展示各个地区、各个领域在大力拓展中国式现代化新征程上的理念创新、实践创新、制度创新、文化创新等，精彩呈现当代中国以中国式现代化全面推进中华民族伟大复兴的宏大历史叙事，以讲好中国式现代化的故事来讲好中国故事。

该丛书力求体现这样几个突出特点：

其一，文风活泼，以白描手法代入鲜活场景。本丛书区别于一般学术论著或理论读物严肃刻板的面孔，以生动鲜活的题材、清新温暖的笔触、富有现场感的表达和丰富精美的图片，将各地方、企业推进中国式现代化建设的理论思考、战略规划、重要举措、实践路径等向读者娓娓道来，使读者在沉浸式的阅读体验中获得共鸣、引发思考、受到启迪。

其二，视野开阔，以小切口反映大主题。丛书中既有历史人文风貌、经济地理特质的纵深概述，也有改革创新举措、转型升级案例的细节剖解，既讲天下事，又讲身边事，以点带面、以小见大，用故事提炼经验，以案例支撑理论，从而兼顾理论厚度、思想深度、实践力度和情感温度。

其三，层次丰富，以一域之光映衬全域风采。丛书有开风气之先的上海气度，也有立开放潮头的南粤之声；有沉稳构筑首都经济圈的京津冀足音，也有聚力谱写东北全面振兴的黑吉辽篇章；有在长江三角洲区域一体化发展中厚积薄发的安徽样板，也有在成渝地区双城经济圈中走深走实的川渝实践；有生态高颜值、发展高质量齐头并进的云南画卷，也有以"数"为笔、逐浪蓝海的贵州答卷；有"强富美高"的南京路径，也有"七个新天堂"的杭州示范……。丛书还将陆续推出各企业、各行业的现代化故事，带读者领略中国式现代化的深厚底蕴、辽阔风光和壮美前景。

"中国式现代化的故事"丛书既是各地方、企业推进中国式现代化建设充满生机活力的形象展示，也是以地方、企业发展缩影印证中国式现代化理论科学性的多维解码。希望本丛书的出版，能够为各地方、企业搭建学习交流平台，将一地一域的现代化建设融入全面建设社会主义现代化国家的大局，步伐一致奋力谱写中国式现代化的历史新篇章。

国家行政学院出版社
"中国式现代化的故事"丛书策划编辑组

总 序

党的二十大擘画了全面建成社会主义现代化强国、以中国式现代化全面推进中华民族伟大复兴的宏伟蓝图。中国式现代化是前无古人的开创性事业，是强国建设、民族复兴的康庄大道。回顾过去，中国共产党带领人民艰辛探索、铸就辉煌，用几十年时间走完西方发达国家几百年走过的工业化历程，创造了经济快速发展和社会长期稳定的两大奇迹，实践有力证明了中国式现代化走得通、行得稳；面向未来，在以习近平同志为核心的党中央坚强领导下，各地方各企业立足各自的资源禀赋、区位优势和产业基础、发展规划，精心谋划、奋勇争先，在推进中国式现代化过程中将展现出一系列生动场景，一步一个脚印地把美好蓝图变为现实形态。

中国式现代化，是中国共产党领导的社会主义现代化，既有各国现代化的共同特征，又有基于自己国情的中国特色。中国式现代化，是人口规模巨大的现代化，是全体人民共同富裕的现代化，是物质文明和精神文明相协调的现代化，是人与自然和谐共生的现代化，是走和平发展道路的现代化。这五个方面的中国特色，不仅深刻揭示了中国式现代化的科学内涵，也体现在不同地方、企业推进现代化建设可感可知可行的实际成果中。中国式现代化理论为地方、企业现代化的实践探索提供了不竭动力，地方、企业推进中国式现代化建设的成就也印证了中国式现代化道路行稳致远的时代必然。

为讲好中国式现代化的故事，更加全面、立体、直观地呈现中国式现代化的丰富内涵和万千气象，中央党校（国家行政学院）中国式现代化研究中心和中央党校出版集团国家行政学院出版社联合策划推出"中国式现代化的故事"丛书，展现各地方、企业等在着眼全国大局、立足地方实际、发挥自身优势，推进中国式现代化建设上的新突破新作为新担当，总结贯穿其中的完整准确全面贯彻新发展理念、构建新发展格局、推动高质量发展的新理念新方法新经验。我们希望该系列丛书一本一本地出下去，能够为各地更好推进中国式现代化建设以启迪和思考，为以中国式现代化全面推进中华民族伟大复兴凝聚更加巩固的思想基础，为进一步推进中国式现代化的新实践、书写中国式现代化的新篇章汇聚磅礴力量。

中央党校（国家行政学院）中国式现代化研究中心主任

2023 年 10 月

序 言

在辽阔的中华大地上,黑龙江是一个神奇而美丽的地方,它位于祖国最北、最东,黎明迎来神州第一缕阳光,夜晚又见北极光的多彩梦幻,这里有广袤无垠的黑土地、大森林,还有壮阔秀丽的大界江、大湖泊。昔日共和国大厦在这里奠基,中华大粮仓、世界大油田和大国重器挺起民族脊梁;今天这里是东北全面振兴的主战场,3100万人民正在奋力谱写中国式现代化龙江新篇章。

黑龙江在国家发展大局中占有重要的战略地位。习近平总书记深切牵挂这片黑土地,党的十八大以来,总书记三次视察黑龙江,发表重要讲话、作出重要指示,为龙江发展明确战略定位、擘画宏伟蓝图、注入强大动力。全省干部群众牢记嘱托、感恩奋进,坚决扛起维护国家国防安全、粮食安全、生态安全、能源安全、产业安全的政治责任,全力建好建强国家重要商品粮生产基地、重型装备生产制造基地、重要能源及原材料基地、北方生态安全屏障、向北开放新高地,在全面建成小康社会的基础上,全力推进质量龙江、创新龙江、开放龙江、绿色龙江、幸福龙江、勤廉龙江建设,让广袤的龙江大地展现出高质量振兴发展的勃勃生机和中国式现代化建设的崭新面貌。

全力打造发展新质生产力实践地。黑龙江作为新中国最早开展工业化布局的地区之一,工业底蕴深厚,国之重器优势突出。中国一重、哈电集团、中航哈飞、东北轻合金等一批"国家队"勇担使命，屡屡填补国内空白，打造了万吨水压机、数控机床、大型电站设备等大国装备。大庆油田连续65年为共和国加油，原油总产量超过25亿吨，占全国陆上同期石油产量近40%。黑龙江坚持以科技创新推动产业创新，系统构建具有黑龙江特色的现代化产业体系、创新体系和人才政策体系，大力发展新质生产力，老工业基地演绎出越来越多精彩的"新"故事。高端化、智能化、绿色化改造提升能源、石化、食品等传统产业，大力培育黑龙江数字经济、生物经济、冰雪经济、创意设计等"四大新引擎"，布局发展航空航天、新材料、人工智能等战略性新兴产业和深空、深海、深地等领域未来产业，跑出了换道超车龙江"加速度"。依托哈尔滨工业大学等78所高校和中国船舶703所、中电科49所、哈兽研等120家科研院所的科教优势，实施《新时代龙江创新发展60条》和《新时代龙江人才振兴60条》政策，攻克了一大批关键核心技术，向中国载人航天、月球采样、海洋深潜、国防军工等领域提供了原创性技术支撑，为实现高水平科技自立自强和维护国家产业安全作出了龙江贡献。

坚决当好国家粮食安全"压舱石"。黑龙江地处世界三大黑土带之一，耕地面积2.579亿亩，2023年粮食总产量1557亿斤，占全国粮食总产量的11.2%，商品量、调出量、储备量和绿色有机食品认证面积均居全国第一，全国每九碗饭就有一碗来自黑龙江。黑龙江始终牢记总书记"中国粮食、中国饭碗"的嘱托，坚持把多种粮、种好粮作为国之大者，实施千万吨粮食增产计划，集成运用良种良机良法提高粮食单产，一体化推进高标准农田建设、侵蚀沟治理和农田防护林更新修复，累计建成高标准农田1.1亿亩，切实保护好黑土地这个"耕地中的大熊猫"。统筹推进科技农业、绿色农业、质量农业、品牌农业发展，着力建设现代农业大基地、大企业、大产业，加快把北大荒集团建设成农业领域的航母，

序　言

使之在全省农业机械化率、科技进步贡献率分别达到99%和70%。充分发挥寒地黑土、绿色有机等自然条件和产业优势，制标准、提品质、强监管，"北大荒""完达山""飞鹤乳业""五常大米"等品牌价值加速增长，"黑土优品""九珍十八品"等地方特色品牌享誉全国，提升了农产品市场竞争力，也为"中国饭碗"装上了更多优质、健康的"龙江粮"。

大力发展特色文化旅游。黑龙江既有绿水青山，又有冰天雪地，还有底蕴深厚的历史文化、边疆文化、欧陆文化、音乐文化、民族文化。这里是马克思主义在中国最早的传播地之一，东北抗联精神、北大荒精神、大庆精神（铁人精神），已经成为中华民族伟大精神的重要组成部分，也成为大力弘扬民族特色文化和发展红色旅游的宝贵资源。黑龙江着力守护好森林、草原、湿地、湖泊、江河、冰雪等原生态风貌，全力打造"绿水青山就是金山银山，冰天雪地也是金山银山"实践地，深度开发得天独厚的文化旅游资源，伊春原始森林、扎龙湿地、五大连池、镜泊湖、兴凯湖等避暑胜地令人向往，冰城夏都、神州北极、华夏东极等旅游品牌蜚声中外；全球规模最大的哈尔滨冰雪大世界冰雕和太阳岛雪雕，滑雪胜地亚布力高山滑雪场和独特气候形成的童话世界般的中国雪乡，吸引了世界各地游客，让黑龙江冰雪旅游成为现象级"顶流"，哈尔滨火爆"出圈"。2023年11月至2024年2月全省接待游客、旅游收入同比分别增长222%和553%，"冷资源"变成"热经济"。黑龙江是全国最早开展冰雪体育的省份，相继涌现多名冬奥冠军。当前，正抓紧建设中国—上海合作组织冰雪体育示范区，高水平筹备在哈尔滨举办的第九届亚冬会，推进冰雪经济全产业链发展，打造世界冰雪旅游胜地、休闲避暑胜地和冰雪经济高地。

加快构筑我国向北开放新高地。黑龙江有着悠久的开放历史，早在20世纪初，就有9个国家在哈尔滨设立领事馆，16万外国侨民居住在哈尔滨。如今，黑龙江是共建"一带一路"的重要节点以及向俄罗斯、东北亚开放的前沿和枢纽，27个国家一类口岸和自由贸易试验区、重点开发开放试验区、跨境经合区和黑瞎子岛中俄国际合作示范区等众多开放平台为服务国家战略发挥了重要作用，对俄合作第一大省地位不断巩固。黑龙江积极参与"一带一路"中蒙俄经济走廊建设，实施新时代沿边开放开发专项行动，统筹贸易、投资、通道和平台建设，推动对俄经贸合作高质量发展。黑龙江加快畅通对外开放大通道，中俄同江铁路大桥、黑河公路大桥开通运营，全省口岸年总过货能力增加到9000万吨，中俄油气管道年输入能力分别达到3000万吨、380亿立方米；实施"买全俄卖全国、买全国卖全俄"行动，2023年全省对俄进出口总额增长13.5%，占全国12.4%。2024年在哈尔滨举办的第八届中俄博览会上，习近平总书记亲致贺信，普京总统亲临致辞，韩正副主席宣读贺信并作讲话，44个国家和地区、各省区市1600余家企业参展。龙江对外开放潜力加速释放，构筑向北开放新高地迈出坚实步伐。

　　银色的世界，绿色的天地，红色的基因，还有火一样热情的人民，在黑龙江等你！

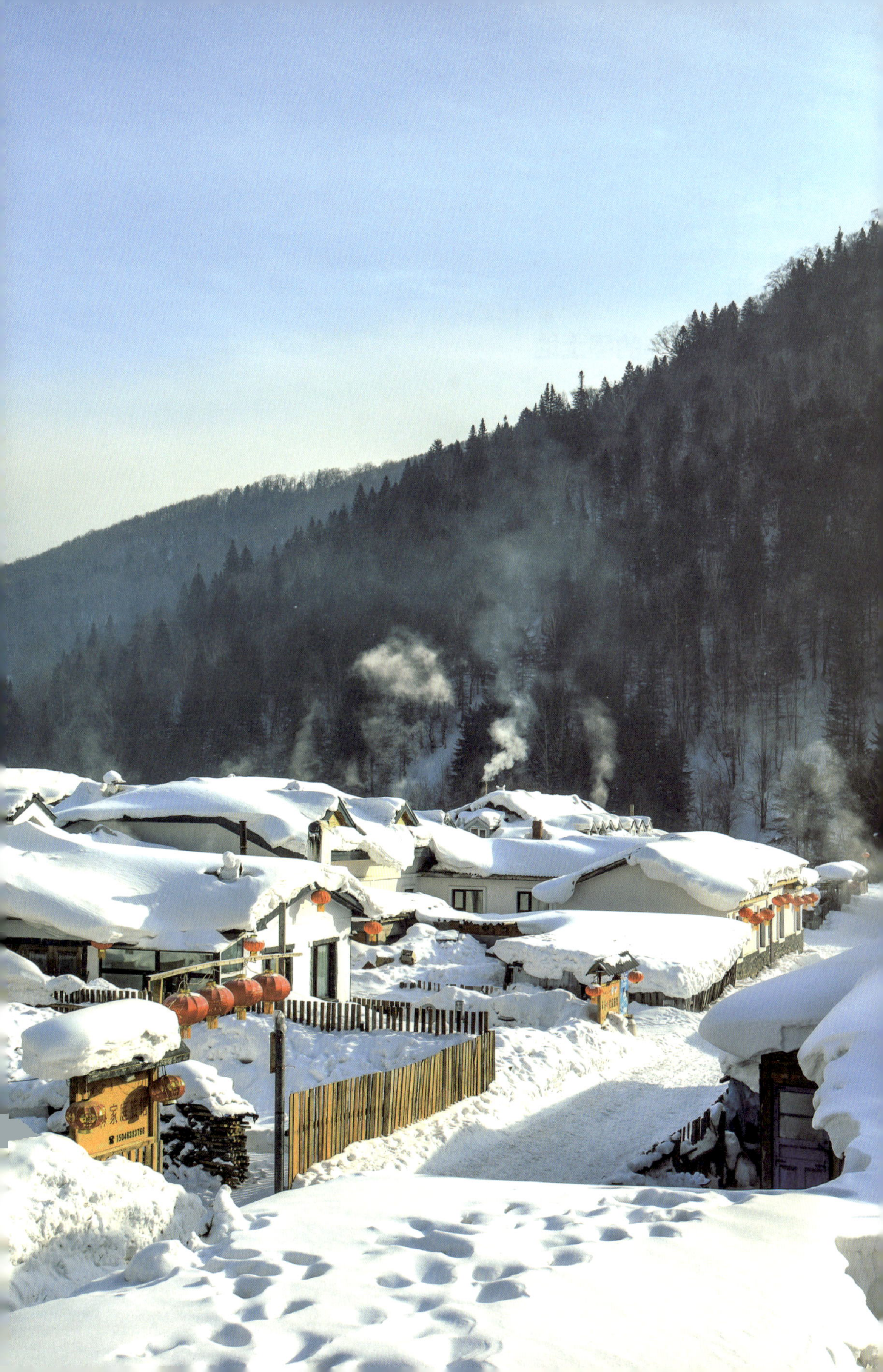

目　录

第一章
崛起的黑土地

一、黑土地上的新觉醒 / 2

二、黑土地上的新追求 / 19

三、黑土地上的新跨越 / 36

第二章

打造发展新质生产力实践地

一、发挥科技创新增量器作用 / 54

二、打造经济发展"四大新引擎" / 66

三、推动传统优势产业转型升级 / 77

四、壮大战略性新兴产业未来产业 / 87

第三章

当好国家粮食安全"压舱石"

一、以"科技农业"保障粮食稳定安全供给 / 100

二、以"绿色农业"夯实粮食生产根基 / 111

三、以"质量农业"保障粮食生产品质 / 123

四、以"品牌农业"保障粮食生产效益 / 133

第四章

大力发展特色文化旅游

一、冷资源变身热经济，打造冰雪旅游新高地 / 146

二、传承红色文化精神，谱写红色旅游新篇章 / 160

三、弘扬民族特色文化，开启民俗旅游新体验 / 175

第五章

构筑我国向北开放新高地

一、推动对俄经贸合作高质量发展 / 192

二、建设现代化综合对外开放大通道 / 209

三、打造高能级开放新平台 / 222

后 记

神州北极

第一章

崛起的黑土地

黑龙江，这片位于中国东北部的广袤土地，以其独特的地理位置、丰富的自然资源、深厚的历史文化底蕴和独特的民俗风情，成为中国乃至世界上一颗璀璨的明珠。从距今两万多年的远古先民到筹建新中国的重大历史进程，从新中国工业起步、"共和国工业摇篮"到"挺起民族工业脊梁"，从全面振兴全方位振兴到奋力闯出一条新时代龙江振兴发展新路，黑龙江一直在用自己的方式诉说着一个个动人的故事。展望未来，黑龙江将继续秉持创新、协调、绿色、开放、共享的新发展理念，努力推动经济社会发展再上新台阶。我们相信，在不久的将来，黑龙江一定会以更加崭新的面貌和更加辉煌的成就展现在世人面前。让我们共同期待这片充满希望的土地在未来的岁月里绽放出更加璀璨的光芒！

振兴之路

一、黑土地上的新觉醒

这是一片古老神奇的土地，长河沃土，孕育文明。早在两万多年以前，远古先民追随猎物由华北平原进入黑龙江大地，在这片辽阔富饶的黑土地上繁衍生息，点燃了又一簇华夏文明初兴之火。公元前 2000 年前后，居住在黑龙江地区西部的东胡族系、中部的秽貊族系和东部的肃慎族系三大东北土著民族，开历史先河，为龙江乃至东北地区留下文明最初的徽记。此后，黑龙江地区各民族保持了与中原历代王朝的密切往来，在不断的文化撞击中，相互影响、相互渗透、相互融合，使黑龙江流域文明成为华夏文明多元一体格局中不可分割的重要组成部分。先秦时期，肃慎、东胡、秽貊放牧制陶朝贡矢砮，在此定居；魏晋之际，拓跋鲜卑挥戈南下统一中原，自此出发；盛唐时节，渤海国效法唐制雄踞东亚，于此定都；宋辽之末，女真人崛起灭辽侵宋，向此而行。直至清廷为抵抗沙俄侵略，在此设立黑龙江将军，终以大河之名定格了这片土地的浑厚记忆。

1840 年鸦片战争后，以汉族流民为主体的各族人口从山东、河北、河南等地蜂拥而至，"闯关东"成为风潮。1861—1945 年，黑龙江地区人口从 130 万人增加到 960 余万人。闯关东不仅是人口的大迁移，更是艰苦岁月人民奋斗的征程，保卫开发了边疆，巩固了国防，是中华民族自强不息、砥砺奋进精神的真实写照。

第一章 崛起的黑土地

19世纪末，中东铁路的开工建设带动了哈尔滨等主要城市的开埠，官办、商办、官商合办民族工商业相继涌现，近代民族工业开始起步发展。1902年进入中国的外国资本，有27.4%投向哈尔滨。到1903年，一座近现代城市的雏形已在哈尔滨形成，到20世纪20年代，哈尔滨会聚了56个国家的10万余名登记长住的侨民，俄国、美国、英国、日本、意大利等19个国家在此设立了领事馆，成为名副其实的"国际化大都市"。黑龙江地区逐渐成为中西经济交通枢纽、文化思想交流之所、优秀人才聚集之地。

广袤无垠的黑土地，养育了一代代龙江儿女，孕育了源远流长的黑龙江流域文明。几千年的黑龙江发展史就是一部奋斗史、创业史，更是龙江人民用鲜血生命和汗水智慧铸就的辉煌史。从远古时期的狩猎采集社会，到后来的农耕文明，再到近现代工业化、城市化的变迁，每一寸黑土地都孕载着厚重的历史记忆，书写着人类文明进步的龙江篇章。在中国共产党的领导下，龙江人民热血和忠诚，打击日寇侵略，推翻反动统治，开发世界级大油田，建设中华大粮仓，形成以东北抗联精神、北大荒精神、大庆精神（铁人精神）为代表的黑龙

哈尔滨火车站（黑龙江省档案馆 供图）

江优秀精神，深刻展示了黑龙江人民富有生命力的优秀思想、高尚品格和坚定志向，其历史价值和影响力超越地域限制，穿越时间隧道，与中华民族精神融为一体，始终闪耀着不朽的时代光芒。

（一）百年屈辱：枕木上的民族伤口

在今天的中国地图上，可以看到东北地区的一条"丁"字形铁路，它以哈尔滨为中心，分为西线、东线和南线三个路段，西至满洲里，东至绥芬河，南至大连，全长2400多千米。这就是中东铁路。这条100多年前的铁路，因一个不平等条约的签订而修建，同时也是积贫积弱的中国遭受外国列强欺辱的历史见证，但它却在历史的演变中有了改变。

清政府与沙俄在小绥芬河右岸的三岔口举行开工典礼（黑龙江省档案馆 供图）

第一章　崛起的黑土地

这份不平等条约名叫中俄《御敌互相援助条约》，也被称为《中俄密约》。条约中，沙皇俄国统治者的贪婪暴露无遗，其主要内容是："中国国家允于中国黑龙江、吉林地方接造铁路。""俄方于第一款御敌时，可用第四款所开之铁路运兵、运粮、运军械。平常无事，俄方亦可在此铁路运过境之兵、粮。"条约中所提到的"铁路"被命名为"大清东省铁路"，即后来的中东铁路。1897年8月28日，清政府与沙俄在小绥芬河右岸的三岔口举行开工典礼。一年后，中东铁路正式开始动工修建。

绵延2000多千米的铁路工程，仅靠一个地区的人口根本无法满足对劳动力的巨大需求。

俄方多次到上海和烟台等地进行招工，经过统计参与中东铁路建设的中国劳工达到了17万人。工人数量在不断增加，住在哪里成了一个亟待解决的问题。一方面，中东铁路局的俄方管理人员、工程技术人员及家属住在精美的住宅里，高大的砖房可抵御严寒和酷暑，有的住宅还配备了凉亭和酒窖；另一方面，中国工人没有稳定的居所，铁路修到哪里，他们就在荒草野地里临时搭起"人"字形帆布帐篷，帐篷里阴暗潮湿、蚊虫泛滥，有的工人连起码的衣服都没有，有的工人就用修建铁路时用的草盖当作衣服，有的把水泥袋子缝制一下披在身上。

随着工人数量的不断增加，原本拥挤不堪的居住环境更加恶劣。1902年6月，一种致命的传染病蔓延开来。虽然疫情在4个月后得到控制，但这场疫情共造成中国人死亡1945人，俄国人死亡695人。对于刚刚经历了疫情的中国工人来说，安身之所已经成为他们的迫切需求。

1903年，东北大地凛冬将至。愤怒的中国修路工人发出了"我们要享受人的待遇！我们要房子住"的怒吼。由于俄方始终推脱搪塞，忍无可忍的中国工人拿着棍棒找到俄方管理者对峙："如果不给我们房子住，我们就罢工！"迫于压力，工厂最终用一些废料搭成一些"人"字形的窝棚。窝棚一共有36个，因

振兴之路

修筑铁路的中国筑路工人（黑龙江省档案馆 供图）

此被称作"三十六棚"。虽然窝棚比帐篷好一些，但依旧十分简陋。

可以说，中东铁路在中国领土上的每一寸铁路，都是中国人民用血汗和生命垒成的。帝国主义列强在华经营的每一条铁路下面，都埋着中国人民的累累白骨，人们形容这是"一颗道钉一滴血，一根枕木一条命"。

1903年7月14日，中东铁路全线通车营业。1905年，风起云涌的革命与罢工运动席卷沙俄，爆发了十月全国总罢工。由于中东铁路直达沙俄，交通的便利性使得革命的讯息迅速传递到中东铁路沿线。在这一年的11月24日，中东铁路总工厂的中俄工人放下了手中的工具，关闭了机器，熄灭了机车的炉火，一起走出工厂举行罢工。12月7日，铁路工厂成立了"特别罢工委员会"，决定从当晚起举行全路罢工，工人们喊出了反对工厂实行军管，反对军警驻厂监视工人，反对强迫工人加班加点等口号。第二天，中东铁路全线停运。半个月后，哈尔滨中东铁路管理局大楼再次失火，成为哈尔滨家喻户晓的"新闻"，同时也震动了圣彼得堡。

当时的中东铁路局局长霍尔瓦特不得不派人和工人代表进行谈判。由于中俄工人们轻信了沙俄铁路管理者的承诺，使得1905年的这次罢工以失败告终。这次历时一个半月的罢工虽然以失败收场，但已成为哈尔滨产业工人队伍形成的一个标志，促进了工人权利意识的觉醒，并逐渐汇入国际工人运动的洪流之中。

1907年的春天，铁路总工厂里的一些中国工人偶然了解到了一个从未听说过的节日——五一劳动节，这让他们大为震撼。此前他们从不知道劳动者居然还有属于自己的节日，于是中俄两国的工人商量一起来庆祝五一劳动节。1907年5月14日，俄历（儒略历）5月1日，与往常一样，总工厂开工的汽笛开始鸣响，但2000多名工人并未开始工作，而是齐刷刷地向松花江边走去。与此同时，哈尔滨机车库工人、面粉厂工人、码头工人也陆续赶到江边，无数工人坐着舢板船向江对岸驶去，来到了松花江上的一个江心岛（太阳岛）庆祝五一劳动节。

工人代表在江心岛上慷慨发言，工人们也纷纷控诉被压榨、被剥削的苦难。在这里第一次提出了"工人阶级联合起来"的口号，"三十六棚华工亦与俄国工党联一气，全球各国凡不为人奴隶者未必不极表赞同，故中华民国之工人亦愿与俄国结为一体，逆料世界大同之日将不远矣"。发生在1907年的哈尔滨工人运动，在中国工人运动史上写下了浓墨重彩的一笔。

5个月后，俄国十月革命爆发，十月革命一声炮响给中国送来了马克思列宁主义，中东铁路成为新思想进入中国最早、最重要的途径之一。中东铁路带来了许多进步俄文报纸和刊物，作为中东铁路中心枢纽站的哈尔滨，开风气之先，逐渐成为最早接触和传播马克思主义的城市之一。

（二）逆境斗争：科学真理的革命指引

1918年元宵节，哈尔滨冰天雪地、寒风刺骨，但欢庆假日的鞭炮声给这个寒冬增添了一丝暖意。一个身着长衫的年轻人提着糨糊桶在沿街的树干上张贴

振兴之路

着什么,他叫邓洁民,一名毕业于南开大学去日本留学回来的留学生,他正在沿街张贴一所名为东华学校的招生广告。1917年6月留学归来的邓洁民回到了自己的家乡哈尔滨,他决心在这里建设一所东北的南开大学,并得到了挚友周恩来的鼓励。在邓洁民家,邓洁民兴致勃勃地向周恩来谈起自己立志办学的想法,周恩来十分赞赏,两个人就学校以后的师资配备、课程设置、教学管理等方面进行了热烈的商讨,关于学校的名字,他清楚地记得翔宇(周恩来)给同学的题词——"愿相会于中华腾飞世界时""志在四方",于是,两人一拍即合,学校名字就叫"东华学校",意谓东方教育之花。

邓洁民及哈尔滨东华学校旧址(黑龙江省档案馆 供图)

1918年4月1日,东华学校在哈尔滨道外区正式落成。一些赴俄的共产主义者途经哈尔滨时常会到东华学校住宿或求助于邓洁民,东华学校成为这些赴俄人员的落脚处,它不仅成为哈尔滨早期传播马克思主义的重要阵地之一,也为中国共产党的早期建设铺设了一条"红色丝绸之路"。

1919年,东华学校师生积极参加五四运动,先后到北京、天津串联学习,回哈举办报告会，声援和支持北京学生的爱国行动。5月24日又走上街头，宣传拒签不合理条约，主张收回山东权益，得到社会各界的积极响应和支持。

1920年9月，22岁的周恩来在赴法国留学前，第二次来到哈尔滨。周恩来向学校师生畅谈自己在五四运动中的所见所闻和感想，希望东华学校学生要为中华的崛起和振兴而刻苦学习，立志做一个对中国社会进步发展有用的人才。周恩来的演讲，在学校师生中引起了强烈的共鸣。

1920年8月，经李大钊介绍，出狱不久的革命先驱马骏来到东华学校，他借在学校兼课之机，向学生进行革命宣传。每到周末学校组织演讲会，马骏就向学生介绍五四精神和国内外形势，传播马列主义和共产主义思想，吸引了很多进步人士在此落脚。

1923年3月，中共北京区执委会派陈为人、李震瀛来哈尔滨建立党组织时，把东华学校作为开辟革命活动的重点。东华师生对中东铁路以及哈尔滨市传播马列主义，起到了助推的作用，对于中东铁路的工人运动，对哈尔滨市党组织建设都作出了重要的贡献。新建立的哈尔滨党组织成员中，张昭德、刘天佑就是来自东华学校的教师。

1924年，李大钊赴苏联参加共产国际第五次代表大会，途经哈尔滨，探访了邓洁民创办的东华学校。3天后，李大钊等人乘火车经满洲里过境赴苏参加了在莫斯科召开的共产国际第五次代表大会。据不完全统计，大批党的早期领导人如陈独秀、李大钊、张太雷、张国焘、刘仁静等30余人，都是通过"红色丝绸之路"去的苏联，都经停东华学校，得到了邓洁民的秘密保护。

（三）红色要道：马克思主义的传播之路

马克思主义早期传入中国，主要有三个渠道：一是由日本传入，如通过中国留日学者、学生、旅日资产阶级志士传入；二是由西欧传入，即1920年前后，

振兴之路

通过赴法勤工俭学的学生传入；三是由俄国传入，如1903年中东铁路全线竣工通车后，一些俄国布尔什维克党人通过中东铁路先后来到哈尔滨，将马克思主义理念在工人群众中作直接的宣传、鼓动，且立竿见影，这是真正意义上的马克思主义与工人运动相结合。可以说，马克思主义在中国的早期传播肇始于哈尔滨，黑龙江是马克思主义在中国的"最早传播地"之一。

1928年4月，中共哈尔滨县委在道里外国四道街（又名面包街，今红专街）14号设立护送"六大"代表接待站（黑龙江省档案馆 供图）

第一章　崛起的黑土地

中东铁路的建成，使马克思主义与中国革命先驱者和中国共产党产生了千丝万缕的联系，形成了一条通往苏俄和共产国际的"红色之路"。1928年，全国各地前往莫斯科的党的六大代表，除一部分由上海经符拉迪沃斯托克（海参崴）到达目的地外，大部分由上海经大连到哈尔滨，由哈尔滨经满洲里或绥芬河赴莫斯科。哈尔滨党的六大代表秘密接待站前后接待、护送了40多位党的六大代表，使其通过"红色之路"安全到达莫斯科。

1921年11月，中共北京地委派地委委员、中国劳动组合书记部北方分部主任罗章龙赴东北考察工运工作。1923年3月，中共北京地委派负责北方铁路总工会工作的陈为人和京汉铁路总工会秘书李震瀛前往哈尔滨开展党建工作。陈为人、李震瀛到哈尔滨后，以《哈尔滨晨光》报记者的公开身份，积极进行革命宣传活动，并创办了"哈尔滨通讯社"和"哈尔滨青年学院"，开展对广大人民群众的革命宣传教育，为建立党团组织进行思想上、组织上的准备。

1923年10月，陈

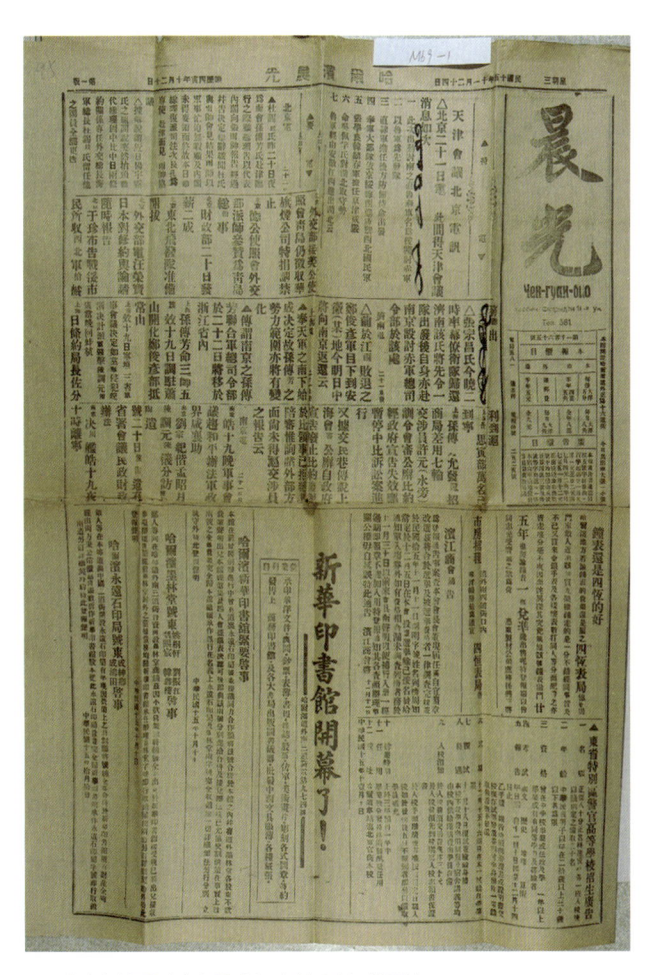

《哈尔滨晨光》（黑龙江省档案馆 供图）

为人、李震瀛、陈作霖在哈尔滨通讯社正式成立中共哈尔滨组（亦称中共哈尔滨独立组），这是东北地区最早成立的中共党组织。中共哈尔滨组的建立，犹如撒在东北大地上的一粒革命火种，以燎原之势迅速燃遍东北大地，标志着东北人民反帝反封建军阀的斗争进入了一个由无产阶级政党领导的崭新阶段。

1936年2月，以杨靖宇、王德泰、赵尚志、李延禄、周保中等人和汤原游击队、海伦游击队的名义发表《东北抗日联军统一军队建制宣言》，在中国共产党领导下的各地名称不同、建制不同的抗日武装，从此相继改编为统一的东北抗日联军。

在长达14年艰苦卓绝的抗日斗争中，东北抗日联军在极端恶劣的条件下与日本侵略者进行长期游击战争，牵制和消灭了大量日伪军，打击了敌人对东北的殖民统治，迟滞了日军向关内入侵的进程，为中国乃至世界反法西斯战争的胜利作出了重大贡献。

1948年4月30日，中共中央审时度势发布纪念"五一"劳动节口号，号召"各民主党派、各人民团体、各社会贤达迅速召开政治协商会议，讨论并实现召集人民代表大会，成立民主联合政府"，由此揭开了筹建新中国的序幕。1948年9月13日，第一批北上民主人士乘苏联"波尔塔瓦"号轮船从香港出发，包括民盟中央领导人沈钧儒、三民主义同志联合会中央常委谭平山、农工民主党执委会主席章伯钧、原国民党军十九路军军长蔡廷锴等民主人士，突破重重困难，9月29日抵达哈尔滨，与先后到哈的民主人士会合，为中共中央与民主党派面对面协商做好准备。

从1948年10月下旬开始，经在哈尔滨的中共中央东北局高岗、李富春与8位民主党派代表3次座谈会和多次商谈，并汇集香港、上海、李家庄方面民主党派的意见，于1948年11月25日在哈尔滨达成《关于召开新的政治协商会议诸问题的协议》。这是筹备新政协活动的第一份正式文件，也是多党合作产生的第一份重要文件。黑龙江亲历了中共代表与民主党派和民主人士协商筹备新政治协商会议、筹建新中国的重大历史进程。

（四）热血忠魂：共产党人的浴血奋战

东北抗日联军是20世纪三四十年代，由中国共产党领导的东北各族人民为抗击日本帝国主义武装侵略而创建的抗日武装，是东北各族人民反抗日本法西斯的中坚力量。东北抗日联军的发展，经历了反日游击队、东北人民革命军、东北抗日联军、东北抗联教导旅四个发展阶段。东北抗日联军人数最多时达3万余人，抗日游击区达70余县。东北抗日联军在今黑龙江境内的作战地域，含大小兴安岭、松嫩平原、完达山脉、绥宁地区、三江平原，东北抗日联军的11

东北抗联博物馆主题雕塑《勇赴国难》（东北烈士纪念馆 供图）

个军，有9个组建和活动在黑龙江。赵尚志、赵一曼、许亨植、陈荣久、夏云杰、汪雅臣、李延平和"八女投江"的八名女战士、"小孤山十二烈士"、"莲花泡四十二英烈"等，都牺牲在黑龙江这片土地上。

黑龙江军民抗日的历史，是一部用鲜血和生命写就的艰苦卓绝的英勇斗争史，是一部黑龙江各族人民抗击日本侵略者、拯救民族危亡的历史。九一八事变后，日本关东军开始侵占东北各地。1937年至1941年，驻东北日本关东军由20万人增加到76万人，大部主力部署在黑龙江。黑龙江军民没有被敌人吓倒，始终坚持抗日斗争。有广为人知的反日义勇军时期的"江桥战役""哈尔滨保卫战"，有东北抗联发起的许多著名战斗，如赵尚志率领巴彦反日游击队、东北反日游击队哈东支队、东北抗联第三军开展的"攻打巴彦县城""炮打宾州""三岔河突围""攻克五常堡""攻袭方正县城""通北冰趟子战斗"；周保中指挥吉东东北抗联部队（后组成东北抗联第二路军）开展的"攻打依兰县城""攻袭敌方正山原木场战斗""刁翎突围战斗"；李兆麟领导东北抗联第三路军开展的"攻袭讷河县城""攻袭克山县城""攻袭肇源县城"等战斗，以及东北抗联开展粉碎1934年冬季"大讨伐"斗争，1935年夏季反"讨伐"斗争，1936年秋冬季反"讨伐"斗争，1937年、1938年反"三江大讨伐"斗争；还有东北抗联第二路军、东北抗联第三路军主力开展的艰苦西征等，都发生在今黑龙江省境内。赵尚志领导的东北反日游击队哈东支队，以其卓有成效的抗日游击活动，使敌人闻风丧胆、恐惧异常，在日伪军中有"小小的'满洲国'，大大的赵尚志"的说法。周保中指挥东北抗联第二路军纵横驰骋，所向披靡，广泛活动在牡丹江流域、完达山麓、乌苏里江畔及哈东五常一带，打击日伪反动统治，毙伤大量日寇。

东北抗日联军在黑龙江的抗日斗争，具有如下7个特点。一是作战地域广。东北抗日联军在今黑龙江境内的作战地域包括北满地区和吉东地区，在黑龙江地区66个县留下过战斗足迹。二是战斗部队多。东北抗日联军的11个军中，除东北抗联第一军、第二军活动在吉林、辽宁外，其他9个军和东北抗联第二军的一部分都战斗在黑龙江。三是抗日战线长。东北抗日联军在今黑龙江境内的作战地域，东至虎林、饶河乌苏里江畔，西至内蒙古阿荣旗，北至黑河、嘉荫黑龙江边，南至五常、宁安吉林省边界。四是战斗次数多。在14年抗战斗争中，黑龙江抗日武装力量与日伪军发生大小战斗成千上万次。五是抗日英雄多。在黑龙江这片热血的土地上，涌现了赵尚志、赵一曼、李兆麟、周保中、冯仲云、李延禄、夏云杰、陈荣久、汪雅臣、柴世荣、祁致中、许亨植、陈翰章等抗日民族英雄和不计其数的无名抗日先烈，他们是东北抗日斗争的中流砥柱。六是军民团结紧。东北抗日联军同游击区人民结下了军爱民、民拥军的鱼水关系。有无数东北抗日联军将士为民族解放、人民幸福牺牲在黑龙江大地上，也有无数黑龙江抗日民众在抗日武装斗争中被敌人残酷杀害。在黑龙江，有一大批抗日军民从事反满抗日地下武装活动，为东北抗联部队提供各种军事和生活物资。七是坚持时间久。从东北地区沦陷起，整个抗战14年皆有东北抗日联军在黑龙江开展抗日斗争。在东北抗联进入苏联远东进行整训期间，东北抗联教导旅还先后派出共计400多人次的东北抗联小部队，多次返回黑龙江境内进行军事侦察活动，有力戳穿了日伪统治者有关东北抗联已经被消灭的谎言。

中国抗日战争是世界反法西斯战争的重要组成部分，中国抗日战场是世界反法西斯战争的东方主战场。东北战场是中国抗日战争的主战场之一。东北抗日联军，是东北战场的主要武装力量。在长达14年的抗日斗争中，在孤悬敌后、敌强我弱、冬季漫长、气候寒冷、武器简陋、给养匮乏、艰苦卓绝的恶劣斗争环境下，东北抗日联军在黑龙江大地浴血奋战，英勇杀敌，为打败日本法西斯作出了卓越贡献。黑龙江军民英勇顽强的生死苦斗，将永载中国人民抗日战争的光辉史册。

（五）启航之地：见证新中国成立到改革开放的伟大进程

新中国成立后，中国共产党在旧中国伤痕累累、一穷二白的基础上，着手谋划新中国应该如何发展，新中国应该走什么样的发展道路。面对这样的现实问题，1954年9月，周恩来同志在一届全国人大一次会议《政府工作报告》中首次提出"四个现代化"："如果我们不建设起强大的现代化的工业、现代化的农业、现代化的交通运输业和现代化的国防，我们就不能摆脱落后和贫困"。1958年5月，党的八大二次会议提出，"尽快地把我国建成为一个具有现代工业、现代农业和现代科学文化的伟大的社会主义国家"。原来的"四个现代化"，演变成了"三个现代化"。1959年底，毛泽东同志在边读边议苏联《政治经济学（教科书）》社会主义部分时认为，前一时期的"三个现代化"需要再加上"国防现代化"。

1959年12月15日至25日，东北地区协作会议在黑龙江省哈尔滨市召开。周恩来同志到哈尔滨参加会议，对东北地区的工作作出重要指示。12月24日，周恩来同志在黑龙江省厅局长以上干部会议上所作的报告中，首次提出了"四个现代化"的新内涵，即"使我们国家更快地成为具有现代工业、现代农业、现代科学文化和现代国防的社会主义强国"。"四个现代化"经过演变后形成的基本内涵，正是周恩来同志在三届全国人大一次会议正式宣布前在黑龙江先期提出来的。作为"四个现代化"基本内涵的"先期提出地"，黑龙江留下了以毛泽东、周恩来同志为代表的中国共产党人探索现代化道路的历史印记。

1978年5月1日，《光明日报》发表《实践是检验真理的唯一标准》的特约评论员文章。6月3日至12日，中共黑龙江省委召开地市盟委和省直部委办局负责人会议。时任省委第一书记杨易辰在会议讲话中旗帜鲜明地表态支持"实践是检验真理的唯一标准"。7月4日至8月3日，中共黑龙江省委先后两次召开常委扩大会议,就检验真理的标准和民主集中制问题进行讨论,并发出在全省范围内开展真理标准问题大讨论的通知。8月4日,《人民日报》在头版显著位置刊载新华社电讯《中共黑龙江省委召开常委扩大会议,联系实际,敞开思想,畅所欲言,讨论真理标准和民主集中制问题》。这在当时是一条很引人注目、影响很大的新闻报道,引起了各省、区、市党委的广泛关注。8月23日,《人民日报》发表杨易辰同志的文章《拨乱反正必须解放思想》,省内外报刊纷纷转载,引起了很大反响。中共黑龙江省委在全国思想解放运动中率先迈出了重要一步。

在坚持真理标准和推进思想解放的关键时刻,邓小平同志在率中国党政代表团访问朝鲜回国后,在本溪、大庆、哈尔滨、长春、沈阳、鞍山、唐山、天津等地发表史称"北方谈话"的一系列重要谈话。9月15日,邓小平同志在听取中共黑龙江省委常委汇报工作时指出:"要坚持实事求是的思想路线,要在彻底清除帮派体系和打砸抢分子的同时,查清事实真相,为老干部落实政策,并根据工作需要培养和提拔中青年干部。"接下来又在吉林、辽宁就坚持实事求是思想路线等重大问题发表谈话。邓小平同志的"北方谈话"消除了人们对真理标准讨论的疑虑,对推动整个东北地区和全国的真理标准讨论、解放思想起到至关重要的作用。黑龙江在全国第一轮思想解放运动中率先行动,引发和催生了东北三省乃至全国的第一轮思想解放运动,为中央工作会议和党的十一届三中全会胜利召开打下了良好的思想基础和政治基础。

历史文脉因铭记而永恒,红色基因因传承而不灭。黑龙江是一方具有光荣革命传统的红色沃土。这里有中国革命者往来苏俄的"红色之路",是马克思主义在中国的"最早传播地";这里曾经在东北抗战中牵制和毙伤大量日伪军,是东北抗日联军的"主战场";这里诞生了新中国第一个解放的大城市,是新政协筹备和协商建国的"起航地";这里创造过无数个新中国的"第一",被誉为"共和国长子",是"四个现代化"基本内涵的"先期提出地";这里是全国

振兴之路

较早开展真理标准讨论和思想解放运动的省份，是邓小平同志"北方谈话"的主要"见证地"。全省各族人民在中国共产党领导下，浴血奋战、艰苦创业，攻坚克难、开拓创新，谱写了波澜壮阔、光辉灿烂的历史篇章。龙江儿女在创造巨大物质财富的同时，也在这片神奇的黑土地上，用鲜血、生命和汗水铸就了伟大的东北抗联精神、大庆精神（铁人精神）、北大荒精神。这些宝贵的精神财富，成为中国共产党人和中华民族精神谱系的重要组成部分，成为激励龙江儿女和全国各族人民在新时代沿着中国式现代化道路勇毅前行的强大精神动力。展开黑龙江发展的历史长卷，如同打开一扇令人流连忘返、催人奋进的时光之门。在党领导人民进行新民主主义革命、社会主义革命和建设、改革开放和社会主义现代化建设的伟大实践中，在推进马克思主义中国化时代化历史进程的重要转折关头，黑龙江都作出了历史性贡献，在中共党史、新中国史、改革开放史和社会主义发展史上镌刻了重要的历史印记，留下了浓墨重彩的光辉篇章。

二、黑土地上的新追求

这是一片充满生机活力的黑土地，孕育着无限的希望与梦想。这里见证了新中国工业的起步，经历了从贫穷到小康的跨越，承载着丰富的民族文化和历史记忆。

"棒打狍子瓢舀鱼，野鸡飞进饭锅里。"这曾是黑龙江大美山水和优良生态的真实写照。在白山黑水间，它曾拥有过辉煌，也曾经历过阵痛。曾几何时，闯关东时代的拓荒之旅，走在大路上的创业豪情，在希望田野上的美丽憧憬，还有全面振兴的拼搏进取，那些难忘的岁月，都深深地埋在了记忆里，成为接续奋斗的不竭动力。

黑龙江是全国解放最早的省份，它的版图像展翅高飞的天鹅，镶嵌在祖国的东北边陲。黑龙江是一本厚厚的书，翻开它，共和国 70 余年民族工业发展的沧桑巨变和风云历程在这里浓缩。共和国不会忘记，从新中国成立之初起黑龙江就以其特殊而重要的战略地位承担了艰巨且繁重的任务。英雄的龙江人民，以高昂的革命斗志，无私的奉献精神，忘我的劳动热情，积极投身社会主义建设、改革开放和中国式现代化进程的伟大实践，从重要的战略大后方到建成国家重要商品粮生产基地、重型装备生产制造基地、重要能源及原材料基地，为新中国建设和强国复兴伟业作出了重大贡献。

时间镌刻永恒。当历史的指针指向 2024 年，随着党的二十届三中全会的胜利召开，全面深化改革的号角再次吹响，推进中国式现代化的新征程扬帆起航再出发。东北振兴是中国式现代化的重要组成部分，加快形成新质生产力是东北全面振兴乘势而上、借力而行的重大战略机遇。2024 年是国家全面推进东北振兴战略的第三个十年，回望习近平总书记三次考察龙江所发表的重要讲话、作出的重要指示，都为新时代新征程黑龙江发展明确了战略定位、擘画了宏伟蓝图、指明了发展方向、注入了强大动力，在龙江发展历程中具有重大里程碑意义。

如今，这里已由人迹罕至的亘古荒原变成了中国最大的机械化商品粮生产基地。70 多年来，这里创造出了新中国农业发展史上一个又一个奇迹，累计向国家供应优质粮 4.1 万亿斤，为解决中国人吃饭问题作出了突出贡献。

如今，吹响新时代振兴东北的号角，东北地区正重新挺起巨人的脊梁，高昂起雄鸡的头颅。对东北 70 多年发展脉络的素描，其实也正是在探寻新中国一代代建设者和改革者奋争和求索的足迹。

这就是黑龙江。心怀"国之大者"，使命义不容辞。新时代，新征程，黑龙江正以"咬定青山不放松"的韧劲、"不破楼兰终不还"的拼劲，努力在"新赛道"拼出一条质量更高、效益更好、结构更优，优势得以充分释放的振兴发展之路。

（一）从"共和国长子"到"挺起民族工业脊梁"

黑土地上，流淌着浓厚的历史与文化，也孕育着工业强国的梦想与雄心壮志。黑龙江，这片被誉为"共和国长子"的土地，承载着中国工业的厚重历史和辉煌成就。从新中国成立之初的筚路蓝缕，到新时代以来振兴发展的辉煌成就，黑龙江的工业经济如同一条奔腾不息的江河，滋养着民族工业的沃土，坚持高水平科技自立自强，持之以恒打造国之重器，挺起了现代工业的脊梁。

筚路蓝缕，奠基工业基石。黑龙江产业发展底蕴雄厚，是新中国最早布局重型装备工业的地区之一，新中国工业最强的脉搏曾经在这里跳动。回望历史，重工业的摇篮书写着龙江工业发展的辉煌与骄傲。然而重温历史，我们不得不回到那段黑暗的岁月。1931年九一八事变后，整个东北三省被日本帝国主义占领。由于黑龙江有电力工业、煤炭工业以及粮食加工等重要工业基地，日本帝国主义疯狂在黑龙江投资，1943年黑龙江日资直接经营的重工业占全省的75%。

黑土破晓万物生。新中国成立后，百废待兴，如何把一穷二白的农业国，建设成为门类齐全的工业国，成为重中之重。由于黑龙江资源丰富，又靠近苏联，加上重工业基础雄厚，因而成为新中国工业建设的重点地区。有人作了形象的比喻，整个东北是中国工业的"母鸡"。这里先后诞生了中国一重、北满特钢以及"两大机床""三大动力""十大军工"等众多关系国民经济命脉的战略产业和骨干企业。

黑龙江曾经是新中国工业的领跑者之一，这里的老工业基地是新中国成立初期国家为实现工业化和建立完整的工业体系，而投入建设的以重工业为主的产业基地。"一五"期间，苏联援建的156项国家重点项目中，黑龙江省占据22项，重大建设项目包括第一重型机器厂、哈尔滨电机厂，以及两个军工项目（即黑龙江120厂、黑龙江122厂等）。通过"一五"期间的建设，为哈尔滨市建成了一个被誉为"动力之乡"的新区，形成了以锅炉、汽轮机、电机三大动力厂为特色的工业区。哈尔滨、齐齐哈尔、鹤岗、双鸭山、鸡西等发展成为工业城市，成为黑龙江经济的重要支撑点。中国第一台12500吨水压机的生产方就出自在国际装备工业领域赫赫有名的企业——中国一重，它改变了中国生产锻件只能依赖进口的局面。中国一重退休工人范友国曾说："没这水压机之前，我们国家锻件全是进口，要价非常非常高，国家急需建这台水压机。听我师傅说，建这个那时候心里都非常高兴，期待啊。"

新中国成立初期，全国25家大企业"南厂北迁"落地黑龙江，22个重大

振兴之路

一重铸锻钢事业部炼钢厂钢水出炉（郭俊峰 摄）

第一章 崛起的黑土地

项目建成投产，诞生了一批"国宝"级企业，创造了大批中国第一、世界之最，如新中国第一个电力发电设备企业、第一座重型机械厂等。在众多大国重器里面，第一架直升机、第一架轰炸机、第一台半导体收音机、第一台弧焊机器人、国际首个星箭一体化飞行器，还有神舟航天器、嫦娥探月工程、C919大飞机、国产首艘航母等，都有龙江制造的鲜明印记。以王进喜、王启民为代表的几代大庆石油人以"有条件要上、没有条件创造条件也要上"的豪情壮志，一举甩掉中国贫油国的帽子，累计为国家贡献了25.3亿吨原油、占全国陆上原油总产量的36%，累计上缴中央财政各种资金和税费3万亿元，孕育形成了伟大的大庆精神（铁人精神），大庆成为全国工业战线的一面旗帜。

党的十一届三中全会之后，改革开放的春风，吹遍了龙江的广袤大地，黑龙江工业发展迎来了新的生机，国有企业改革深入推进，民营企业如雨后春笋般涌现。工业结构不断优化升级，从传统的重工业基地，到高新技术产业的崛起，黑龙江工业经济的活力被全面激发。经过70多年的发展，黑龙江形成了门类齐全的工业体系，科技综合实力全国排名第16位，直升机、通用飞机、数控机床、舰船动力、铝合金等产品和技术蕴含龙江智慧，累计为全国提供了1/3的电站成套设备、1/2的铁路货车，"黑龙江制造"为国家经济建设作出了巨大的贡献。

下面这几段文字，记录了在那个激情燃烧的岁月里，为黑龙江发展默默奉献的奋斗者的真实经历：

"零下30（摄氏）度，我在20米的高空安装管道，焊条熔化的铁水滴在我腿上，烧穿了衣服，熔在腿上，钻心地疼，我咬着牙、忍着剧痛坚持完成任务。现在，每当我看到腿上的伤疤时，还不由得想起那火热的年代。"[①]

[①] 梁彦德曾任哈尔滨锅炉厂工人、副厂长、哈尔滨市委副书记、市总工会主席、市政协副主席。

振兴之路

一重为山东裕龙项目渣油加氢反应器在前盐生产制造基地完工发运（郭俊峰 摄）

"哈尔滨三大动力工厂建厂前，那里还是哈尔滨的郊区。施工队安装设备都是按照苏联的图纸一张张的学着装，10米立车、20米大车床、加工几吨乃至10吨的大部件等设备，工人们虽然见都没见过，但勤学苦练，硬是娴熟地掌握了性能和操作技术。在艰苦创业的年代，创造了建设的奇迹，培育了中国强大的机电制造业队伍。"[1]

这样的故事还有很多，当时来自五湖四海的人们会聚黑龙江，为祖国的装备制造业拼搏奋斗，当他们能独当一面时，又奔赴各地，为国家重工业发展贡献力量。由此黑龙江工业在电力装备、航空航天、船舶动力等领域，铸就一

---

[1] 王兴华曾任哈尔滨市委工业部部长，哈尔滨电机厂党委书记，哈尔滨市委常委、宣传部部长，黑龙江省经委副主任、省委副秘书长兼政研室主任、省顾委秘书长。

批批"大国重器",为支援国家经济建设作出巨大贡献,有力维护了国家产业安全。

工业贡献,铸就民族脊梁。从跟跑到并跑再到领跑,龙江工业人心怀"国之大者",铸就了一个又一个国之重器。习近平总书记到黑龙江齐齐哈尔考察时指出,装备制造业是国之重器,是实体经济的重要组成部分,要把握优势,乘势而为,做强做优做大。按照习近平总书记指引的方向,黑龙江吹响全面振兴老工业基地的"冲锋号",悄然发生着深刻的产业变革:中国一重"华龙一号"—福清5号核反应堆压力容器投入商业运行,标志着我国在第三代核电技术领域跻身世界前列;哈电集团自主研制成功白鹤滩水电站百万千瓦水轮发电机组,标志着我国大型水电工程建设从"中国制造"到"中国创造"的历史性跨越……一批批新时代的"国之重器"彰显龙江力量。大庆油田页岩油勘探开发取得重大突破,正在努力当好标杆旗帜、建设百年油田。

在积淀重工业雄厚基础的同时,黑龙江也加快了向高新科技产业转型的步伐。紧跟时代潮流的黑龙江人以科技为笔,在老工业基地的基础上,勾勒出全新的画卷。作为白鹤滩发电设备的主机供货商,哈电集团打造出一张全新的国家水电名片。众所周知,白鹤滩水电站是实施"西电东送"的国家重大工程,是世界技术难度最高的水电工程之一,装备世界单机容量最大的16台100万千瓦水轮发电机组,实现了我国高端装备制造的重大突破。伴随着哈电集团研制的最后一台机组高质量投入商业运行,标志着全球单机容量最大、装机规模全球第二大、技术难度最高的金沙江白鹤滩水电站全部机组投产发电。哈电集团生产制造的大型水电机组,占国产装机总量的1/2,煤电、核电主设备和重型燃气轮机,占国产装机总量的1/3。哈电集团积极培育和发展战略性新兴产业和未来产业,抽水蓄能、新型储能、光热发电等产业持续壮大,新旧动能转换的先进制造产业集群正在加速形成。

2022年,华为、百度人工智能产业基地启动建设,华大基因等一批技术引领型企业落地龙江，世界 5G 大会成功举办，松花江两岸创意设计产业走廊平台加速发展，冰雪体育、文化、培训、装备、旅游、教育等产业不断壮大，加速构建"冰天雪地也是金山银山"实践地和"后冬奥"国际化冰雪经济示范区……数字经济、生物经济等经济发展新引擎正加速形成。

2023 年 9 月，习近平总书记在黑龙江考察期间首次提出"新质生产力"一词。一年多来，黑龙江先后出台创新发展 60 条、科技创新引领产业振兴若干措施等，成立哈工大先进技术研究院、人工智能研究院等科技成果转化平台，全省转化重大科技成果 589 项，高新技术企业增长 22.9%，增速居全国前列。黑龙江积极抢占未来航空航天、能源装备、数字经济、生物经济等领域的竞争制高点，用高科技、高效能、高质量的新质生产力，为促进高质量发展、可持续振兴注入新动能。从辽阔大海到浩瀚宇宙，从生产车间到田间地头，无一不涌动着发展新质生产力的澎湃浪潮。成功吊装的全球首台"玲龙一号"反应堆核心模块"玲龙之心"、以"数眼"代替"人眼"的新型采油管理系统、由机器人进行涂装作业的数智化生产车间……一串串亮眼的数字、一个个创新的成果，正是黑龙江科技创新、增"智"提"质"的生动实践。

上九天揽月，下五洋捉鳖。在"嫦娥五号"月壤采样机械臂、"祝融号"火星车移动系统、"蛟龙"号水下导航定位系统、"奋斗者"号推进器等项目中，都有黑龙江提供的"硬核"支撑。黑龙江振兴发展过程中，创新这个"关键变量"正在成为发展的"最大增量"。

黑龙江作为新中国工业"长子"，始终肩负强国使命砥砺前行，闯出了一条从支撑共和国工业发展到维护国家产业安全，从"共和国长子"到"挺起民族工业脊梁"的振兴发展之路。如今，在这广袤的龙江大地上，"4567"现代化产业体系建设方兴未艾，黑龙江正忠诚担当、拼搏进取，重振工业雄风，再创发展佳绩，为强国建设、民族复兴作出新的更大贡献。

（二）从"普遍贫穷"到"奔向全面小康"

黑龙江这片古老神奇的土地见证了从龙江人民从普遍贫穷到今日全面小康的历史性跨越。这是一段波澜壮阔的历史进程，是一曲党领导人民奋斗的赞歌，是一幅社会全面进步的壮丽画卷。

昔日的北大荒，广袤而荒凉。20 世纪 50 年代，在党的号召下，转业官兵和无数热血青年奔赴这片土地，他们用青春和汗水，将这片被称为"北大荒"的亘古荒原建成了中华大粮仓，成为国家重要的粮食生产基地，被誉为"北大仓"。现代化农机装备和技术在这里得到了广泛应用，农业的高效、绿色、可持续发展已经成为现实。

1947 年 6 月 13 日，当 18 位垦荒战士来到北大荒，点燃"第一把火"、拉动"第一把犁"、建设第一批农场时，他们不会想到，这竟会成为一道分水岭，分隔开了北大荒的前世与今生，分割出了"大荒"与"大仓"。他们更不会想到，这个曾经的苦寒蛮荒之地，有朝一日会成为"中国饭碗"的缩影。

"粮食"，是北大荒开发史上最密集的关键词。"向荒原要粮！""在北满创办一个粮食工厂""在这里办农场，为国家多生产些粮食！""新中国的荒地都包给我干吧！""以后要母鸡下蛋，越办越多！""一定要让北大荒彻底变个样！""要出粮食、出经验、出人才"……百万垦荒大军从四面八方奔赴北大荒，创造了人类垦荒史上的一个又一个奇迹。

开发建设之初，作为拓荒者，北大荒响亮回答了"如何通过兴办'粮食工厂'来建立巩固的东北根据地"的历史之问。大规模开发建设时期，作为探路者，饮冰卧雪、人拉肩扛向荒原进军，响亮回答了"社会主义新中国能不能建成大型国有农场"的人民之问。改革开放以来，作为改革者，北大荒"分得彻底、统得到位"，成为独具特色的"世界农都"，响亮回答了"谁来养活中国

振兴之路

人"的世界之问。

一切为了中国粮食,一切为了中国饭碗。自1947年开发建设以来,北大荒累计生产粮食10478亿斤,累计为国家供应商品粮8978亿斤,[①]成为一支体现国家意志、服务国家需求、代表国家水平的"国家队""王牌军"。北大荒因粮而生,因粮而兴。一部北大荒史,就是"中国粮食,中国饭碗"的生动注脚。

77年来,北大荒除了生产物质食粮,还创造出"北大荒精神""北大荒标准""北大荒品牌""北大荒范式"等一系列非物质产品,缔造了"中国粮食""中国饭碗"最坚实的板块。我们不禁要问:是什么造就了"北大荒奇迹"乃至"中国农业奇迹"?历史和事实证明,北国荒原悠悠千万年的沉寂,只有在一个以人民为中心坚持人民至上的政党坚强领导下,背靠一个稳定强大的国家,汇聚各类人力资源集团化作战,才能被打破、被唤醒、被激活,迸发出无穷的力量。

北大荒集团二道河农场有限公司万亩大地号稻田画(北大荒集团二道河农场有限公司 供图)

[①] 《牢记嘱托 北大荒集团沿着总书记指引的方向奋勇前进》,北大荒集团网站,http://www.chinabdh.com/h-nd-5391.html。

第一章　崛起的黑土地

发生在黑土地上的北大荒发展奇迹，恰是黑龙江经济社会全面发展的缩影。党的十八大以来，黑龙江民生福祉显著增强，胜利打赢脱贫攻坚战，全面建成小康社会，不仅在农业上取得辉煌成就，其他领域发展也取得显著成效。通过构建"一圈一团七轴带"打造高品质生活空间，为黑土地交织密网，让龙江联通世界。"一圈"，即以哈尔滨为核心的都市圈；"一团"，即以佳木斯为枢纽城市，以四煤城为节点城市的东部城市组团；"七轴带"，即哈长区域协同发展带、哈大齐牡发展主轴、哈绥北黑发展轴、哈佳同抚发展轴、齐加漠发展轴、抚双牡发展轴、沿边城镇带，充分体现了黑龙江在擘画未来高品质生活空间的蓝图中在规划编制上"接地气"、在服务供给上"提能力"、在景观塑造上"美四季"，在更高水平上实现幼有所育、学有所教、劳有所得、病有所医、老有所养、住有所居、弱有所扶，让发展成果惠及龙江人民的同时，以历史文化为脉络，引导城市发挥特色优势，塑造全域全季景观风貌格局，彰显魅力龙江。让蓝绿空间与生产、生活空间相融合，让城市美化与乡村绿化相融合，推动龙江全域风景建设和冰雪重塑，打造宜居宜业宜游城乡空间，让龙江人民充分感受到绿水青山和冰天雪地相互交融的特色风貌。

时空在拉近，脚步变轻盈。交通发展的日新月异让龙江人出行习惯不断改变，愈见清晰的立体交通运输网络，已经成为龙江经济向高质量发展的加速器。城乡基础设施建设突飞猛进，高速公路总里程突破5000千米，高速铁路网骨架初步形成，机场总数居东北三省首位，以哈尔滨为中心，联通各市（地）的"一小时、两小时经济圈"正在形成。

高铁成环，打造省内"一小时、二小时交通圈"不再是梦想。哈大、哈齐、哈牡、哈佳、牡佳等高铁相继开通运营，基本形成以哈尔滨为中心，辐射大庆、齐齐哈尔、牡丹江、佳木斯的"一小时、两小时交通圈"，东部地区高铁成网闭环，高铁网连通8个地级市，龙江近2/3人口享受到高铁服务，正步入高铁时代。四通八达的高速铁路网，为龙江经济社会发展注入了新动能。

振兴之路

路畅民悦，公路建设交织密网。公路建设为落实国家重大战略、推动龙江振兴发展提供了重要支撑。服务国家"一带一路"建设，畅通了"中蒙俄经济走廊"通道；助力脱贫攻坚，服务乡村振兴，完善了粮食生产运输通道；服务新型城镇化战略，畅通了省际、城际通道；同时，积极打造与铁路、轨道交通等多种运输方式相衔接的综合客运枢纽，有效提升了综合运输衔接转换效率。

龙江空港，让龙江融入世界。积极推行"干支通、全网联"服务模式，开辟国际、国内航线198条，通航城市105个，形成了以哈尔滨为中心辐射全国重要城市，联通俄、日、韩和欧美主要国家的空中交通网络。旅客吞吐量也从2012年的1093万人次上升到2023年的2525万人次。

融入全国，联通世界，不断织密的交通网正在助推龙江高质量振兴发展。未来的黑龙江将以"联网、补网、强链"为重点，着力构建"五纵两横一边"综合立体交通网主骨架和"10出省、7出境"对外联通格局。

社会事业全面进步。黑龙江省拥有哈尔滨工业大学、哈尔滨工程大学等高校达78所，在校学生90多万人，有"两院"院士42位。在脱贫攻坚方面，全省累计脱贫33.4万人，贫困发生率降至0.65%。社会保障体系等不断完善，养老托育等社会事业全面进步。深入开展职业技能提升行动，就业形势保持稳定。推进保障性安居工程建设，累计改造各类棚户区329.5万套，近千万城乡居民住房条件得到改善。哈尔滨火车站、哈尔滨地铁等一批标志性基础设施项目建成投用。

城市建设绘就美好生活新画卷。一个个"家门口的公园"串珠成链，一座座立交道桥连通纵横，一批批老旧小区旧貌换新颜；入选全国水生态文明城市、全球首批"国际湿地城市"；当选"东亚文化之都"；连续四年位居中国冰雪旅游十强城市榜首；冰雪旅游火爆"出圈"，享誉中外……

宜居宜业宜游新图景底色亮眼。人与城，恰如鸟与巢，浑然一体，正所谓一方水土养一方人。"冰城夏都"哈尔滨，一幅更精致、更有序、更和谐、更温暖的城市新画卷，向着明天，铺展开来……聚焦人民群众对美好生活向往的新期待，持续提升城市形象高度、民生温度、宜居程度，奋力书写宜居幸福城市建设新答卷。

（三）从差点"失去母语"到讲好"龙江故事"

文化兴则国运兴，文化强则民族强。语言是一个民族的文化载体。黑龙江各族人民人心归聚、精神相依、团结奋进，孕育了多姿多彩的民族文化，共同书写着文化的繁荣兴盛。这里，曾经有过沉痛的伤疤；这里，曾经面临过语言的危机。

1931年，日军发动九一八事变，霸占东北三省，而后在1932年，建立"伪满洲国"。日本为了将中国永远变成它的殖民地，奴役中国人民，采取了焚烧原有教材书、修改教科书、全民学日语、亲日道德教育等一系列的奴化教育，黑龙江省虎林市也未能逃脱这种灾难。1933年，日军侵占虎林后，极力推广奴化教育，到1934年，日伪县政府在原有的学校基础上，成立了3所小学，到1937年，全县共有小学12所，学生991人，教师20人。

据记载，在日伪统治时期，对于具有民族意识或民主思想的书籍，均被打入废止之列而遭到查禁、焚烧。伪政权重新编纂的"教科书"，则是将东北地区与华夏文明完全割裂，抹去了"中国"一词。"教科书"里极力宣扬日本军国主义精神，并把日本语列为"国语"，把中国语改称为"满语"，同时还编了大量的歌曲来欺骗和麻醉学生，如把伪满傀儡美化成"新满洲便是新天地，顶天立地，无苦无忧"，把日本帝国主义侵占下哀鸿遍野的东北说成"吃穿无愁肠"的"太平乡"等。

日本在"伪满洲国"建立"建国大学"，招收日语、韩语、蒙古语、俄罗斯语的学生，汉语的学生则被视为满语生，在校期间强迫不能说中国话，要求用

振兴之路

日语交流，向其灌输"日语是我国的国语之一"的殖民思想。他们所做的这一切，都是为了一个目的——以文化侵略的方式摧毁东北人民。在那段黑暗的时期，东北人民差点失去了自己的母语。

然而不屈的龙江人民，在敌人如此残酷的统治下，团结一心、满怀斗志，依然做着抗争活动。教师们宁可辞职回家种地，也坚持捍卫母语，授课中依然坚持告诉学生，我们是中国人，我们要说中国话！

抗日战争胜利后，日本在东北地区推行的奴化教育随之解体，日本侵略者当年的险恶阴谋，也被更多人们所熟知，以史为鉴，警示后人。

这是一场中国历史上最大规模的文化入侵，在这场没有硝烟的母语守卫战中我们赢了，母语的重要性无可比拟，它不仅是一个人的民族语，更是一个民族的根，一个民族的魂！

黑龙江广阔无垠的沃土，从来不缺生动的生活、生动的人物，以及火热的赤子之情。如今，我们不仅捍卫了母语，更要保护好民族语言，这也正是龙江人民用自己的智慧和努力，讲好属于这片黑土地动人故事的伟大实践。

历史的回响：文化的根与魂黑龙江这片土地上，回荡着如赫哲族、鄂伦春族等少数民族的语言，它们是这片土地的根，是文化的魂。然而，在历史的长河中，这些珍贵的语言曾面临消失的危机。龙江学者韩有峰和妻子孟淑贤在20年间做过4次有关鄂伦春语的调查。他们也是鄂伦春人。在韩有峰的报告中，更详细提及了鄂伦春语断代情况：1992首次调查时，在黑河市和大兴安岭的鄂伦春族聚居地，"七八十岁的老人还都在说鄂伦春语"，"有的老人汉语说得不行，鄂语说得好"；可是到2010年第四次调查时，却变成了"鄂语基本上没人说了，只有60岁以上的老人还会简单说几句，但也仅限于日常用语"。

面对鄂伦春语的濒危境况，79岁高龄的鄂伦春族老人吴晓东，为了挽救濒危的鄂伦春语，历时6年整理了包含5000个词汇的"发音手册"，被学者评价为"活教科书"。早在几十年前，当听到有人用鄂伦春语唱起"高高的兴安岭一片大森林，森林里住着勇敢的鄂伦春……"这首歌时，吴晓东老人的思绪都会"飞"回70年前随父母在大森林生活的日子。如今在黑龙江省逊克县城，每到周末，无论天气如何，她都会横穿整个城区，来到逊克县民族小学授课，重点教授鄂伦春的成年人"重拾母语"。吴晓东老人说，她这样做，只是想用这种方式帮更多鄂伦春孩子营造一点儿家庭语言环境，或许这样就可以让本民族语言濒临消逝的步伐放得慢点儿，再慢点儿……

文化的觉醒：保护与传承在文化觉醒的浪潮中，黑龙江各民族人民行动起来，保护和传承自己的母语。学校开设了民族语言课程，社区组织了语言学习班，文化节庆活动上，民族语言的朗诵、歌唱和戏剧表演，成为一道道亮丽的风景线。这些举措，不仅让母语得以传承，更让民族文化焕发出新的生命力。

创新的力量：文化的融合与发展在保护和传承的基础上，不断探索文化的创新之路，将传统文化与现代元素相结合，创造出了独具特色的文化产品。从民族服饰的设计，到民间艺术的创新，从传

东北抗日联军创建人和领导人之一赵尚志（东北烈士纪念馆 供图）

统音乐的改编，到现代舞蹈的融合，黑龙江的文化在创新中不断发展，在发展中不断繁荣。

黑龙江有着悠久历史文化和光荣革命传统。在这片黑土地上孕育形成的红色基因丰富而厚重。杨靖宇、赵尚志、赵一曼、王进喜、马永顺……一个个响彻中华大地的英雄名字，用嘹亮的音符谱写民族不屈的气节与魂魄；东北烈士纪念馆、铁人王进喜纪念馆、哈军工纪念馆……一座座铭刻英雄事迹的红色场馆，用英雄的壮举去感知触摸历史岁月的苦难与辉煌；一封红色家书、一场奇袭战斗……一段段感人至深的红色故事，激荡起人们灵魂深处的绵延追思；东北抗联精神、北大荒精神、大庆精神（铁人精神）……一块块崇高的信仰高地，用传承红色基因血脉的初心使命，建设美丽富饶的精神家园！这些故事，通过书籍、电影、电视、网络等多种渠道传播开来，让更多人了解和爱上了黑龙江。

繁荣的景象：文化的兴盛黑龙江的文化呈现一派繁荣的景象。文化节庆活动日益丰富，文化设施不断完善，文化产业快速发展。从博物馆的展览到剧院的演出，从书店的阅读到电影院的观影，文化已经成为龙江人民生活的重要组成部分。

文化的自信：从龙江走向世界黑龙江的文化，不仅属于这片土地，更属于整个世界。龙江人民以开放的心态，将本土文化推向世界。从国际文化交流到文化产品的出口，从文化节的举办到文化人才的培养，黑龙江文化正在世界舞台上展现着自己的魅力，传递着自己的声音。

对历史最好的继承就是创造新的历史，对人类文明最大的礼敬就是创造人类文明新形态。龙江人民坚定文化自信，增强文化自觉，以文弘业、以文培元、以文立心、以文铸魂，勇担新的文化使命，在文化的繁荣兴盛中实现中华民族伟大复兴。

黑龙江奔流不息，松花江九曲回环，乌苏里江温婉恬静，丰沛的江河水在平原深处幽然相会，滋润着万顷良田，养育着亿万国人。当我们穿越时空，这片黑土地上的新追求不断书写着东北振兴的成功实践，展现了从老工业基地到现代化经济强省建设的华丽转变，实现了从贫穷到全面小康的历史性跨越，彰显了从濒临消失的语言到繁荣兴盛的文化自信。

党的十八大以来，习近平总书记三次深入龙江大地考察，提出了一系列具有重大指导意义的新思想、新论断、新要求，立意高远、思想深邃、内涵丰富，饱含着对黑土地的深切关注，饱含着对龙江人民的深厚感情，也饱含着对黑龙江全面振兴发展的殷切希望。谆谆嘱托重如千钧，美丽蓝图跃然而出，高质量振兴发展的新路子豁然开朗。百舸争流，奋楫者先；千帆竞发，勇进者胜。我们正沿着总书记指引的方向，在黑土地上不断前进、不断奋斗，书写更多向"新"求"质"的故事。3100万龙江儿女始终"身在最北方、心向党中央"，那掷地有声、激荡人心的声音仿佛在龙江人心头回响，仿佛在历史的天空回荡……

振兴之路

三、黑土地上的新跨越

作为东北老工业基地,黑龙江省是我国工业化进程起步最早的省份之一,制造业基础坚实、门类齐全。黑龙江也是我国农业大省,是全国最重要的商品粮基地和粮食战略后备基地,农业特别是粮食生产在全国占有重要的战略地位。

20 世纪八九十年代,思想不够解放、创新能力不强、产业结构不合理等问题越来越成为制约黑龙江发展的障碍,经济总量、发展速度、人均收入等指标在全国排位逐步后移。如何走出困境?这成为摆在每一个黑龙江人面前的难题。

2003 年 10 月,中共中央、国务院出台《关于实施东北地区等老工业基地振兴战略的若干意见》,标志着东北振兴战略全面实施,激起了黑龙江干部群众发奋图强的斗志与决心。这一年,开启了东北振兴、黑龙江振兴的崭新篇章。

党的十八大以来,习近平总书记对东北振兴发展高度重视,三次召开东北振兴专题座谈会,多次到东北调研,参加全国人大会议黑龙江省代表团审议。2016 年、2018 年、2023 年,习近平总书记先后三次亲临黑龙江考察,作出了建好建强国家重要商品粮生产基地、重型装备生产制造基地、重要能源原材料基地、北方生态安全屏障、向北开放新高地,维护好国家"五大安全"等重要指示,为黑龙江振兴发展指明了前进方向、提供了根本遵循。

改革开放 40 余年,中国人民摆脱贫困,全面建成小康社会,中国的现代化发展日新月异。黑龙江作为"共和国长子",全国重要的工业、农业大省,如何在新时代的奋进大潮中再次发挥举足轻重的作用？如何在全面振兴、全方位振兴中奋力开创高质量发展的新局面呢？东北振兴战略实施21年来，黑龙江广大干部群众抓住机遇，牢记嘱托、感恩前行、勠力同心、开拓进取，这就是问题的答案。

全面振兴、全方位振兴，关键在一个"全"字，是各地区、各领域、各行业全过程全覆盖的振兴，是全省广大党员干部群众人人担当尽责奋发有为的振兴。针对黑龙江发展存在的短板问题，2022年召开的黑龙江省第十三次党代会提出了着力建设"六个龙江"的奋斗目标，省委陆续召开"六个龙江"建设大会，出台相关工作意见作出部署，全面展开了谱写中国式现代化龙江篇章的伟大实践。

（一）质量龙江：积聚振兴新动能

坚持质量第一、以质取胜，是实现黑龙江高质量发展的不二法宝。东北振兴战略实施21年来，黑龙江省牢牢把握在国家发展全局中的战略定位，全面加快高质量发展。一是高质量构建现代化产业体系，发挥科技创新增量器作用，实施产业质量提升工程，促进创新链、产业链、标准链融通提升，加快构建"4567"现代产业体系，打造新质生产力。二是高质量推进现代化大农业，打造现代化农业大基地、大企业、大产业，当好国家粮食安全"压舱石"。三是高质量发展特色文化旅游，制定特色文化旅游标准，实施冰雪产业标准提质工程，为打造冰雪旅游度假胜地和冰雪经济高地提供支撑。四是高质量深化改革开放，实施国有企业振兴专项行动，提升开放合作平台能级，高水平构筑我国向北开放新高地。五是高质量建设新型基础设施，实施质量基础设施能力提升行动，优化新型基础设施布局，打造高效实用、智能绿色、安全可靠的现代化基础设施体系。六是高质量保障和改善民生，实施共同富裕标准示范工程，着力提高

振兴之路

人口素质，推进社会治理标准工程，提升本质安全水平，不断增强龙江人民的获得感、幸福感、安全感。

黑龙江坚持在贯彻新发展理念、构建新发展格局中谋划高质量发展，在维护国家"五大安全"、建好建强"三基地、一屏障、一高地"中践行高质量发展，在创造高品质生活、保障高水平安全中体现高质量发展，经济结构和发展质量效益明显提升。2023年，全省地区生产总值1.59万亿元，人均地区生产总值51563元，分别比2003年增长3.4倍、4.4倍。金融、现代物流、电子商务等服务业持续发展，成功举办四届全省旅游产业发展大会。资源型城市转型取得积极进展，县域经济发展质量不断提升。

黑龙江遵照习近平总书记的嘱托，担当起国家粮食安全"压舱石"、农业现代化建设"排头兵"，坚决落实全国新一轮千亿斤粮食产能提升行动，实施千万吨粮食增产计划，以发展现代化大农业为主攻方向，以发展绿色农业为鲜明导向，统筹推进科技农业、绿色农业、质量农业、品牌农业，持续加强黑土地保护、高标准农田建设和种业创新，加快建设现代农业大基地、大企业、大产业，努力率先实现农业物质装备现代化、科技现代化、经营管理现代化、农业信息化、资源利用可持续化，农业现代化建设走在全国前列。推动大规模设备更新，加快高端化智能化绿色化改造，藏粮于地，藏粮于技，大力加强高标准农田建设，做到旱能浇、涝能排。全省累计建成高标准农田超过1亿亩，全省农作物耕种收综合机械化率稳定在98%以上。大力实施种业振兴行动，建成国家级寒地作物种质资源库，启动国家级大豆种子基地建设，国家制种大县和区域性良种繁育基地达到19个，建设专家育种基地16个。2023年，黑龙江省粮食生产实现"二十连丰"，粮食作物种植面积达到22114.65万亩，占全国的12.4%，同比增加89.85万亩；粮食总产量1557.64亿斤，占全国的11.2%。8800多万亩的绿色有机食品认证面积居全国第一，培育了北大荒、飞鹤、完达山、五常大米等一批知名品牌，建设全国数字农业示范区、国家食品安全示范区。亿万亩肥沃黑土地，为全国人民提供了优质、绿色、安全的粮食和各类农产品。全省规模以上农产品加工企业发展到 2045 家，农产品加工转化率达 65%，"黑土优品"省级优质农业品牌走向全国，为保障"中国粮食"、端牢"中国饭碗"贡献龙江力量。

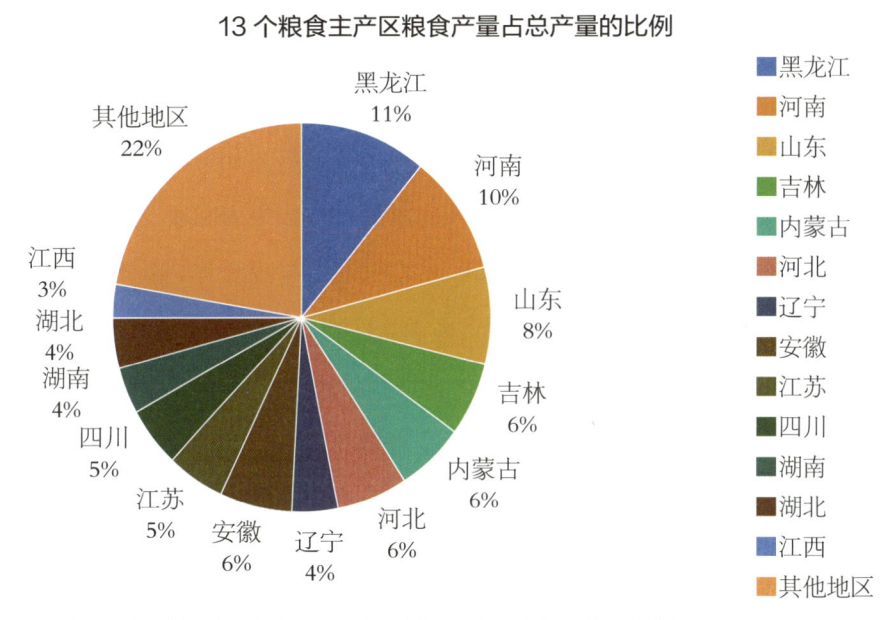

13 个粮食主产区粮食产量占总产量的比例（数据来源：华经产业研究院）

高质量的发展需要高素质的人力资源，为了吸引、留住人才，变"孔雀东南飞"为"孔雀向北飞"，黑龙江着力完善人才政策体系和工作机制，出台《新时代龙江人才振兴 60 条》和系列配套政策。2023 年，高校毕业生留黑龙江、来黑龙江就业人数均创近 5 年最好水平，高技能人才占技能人才比重达 31.7%。黑龙江正在通过高质量发展积聚全面振兴动能。

（二）创新龙江：科技创新促升级

科技兴则民族兴、科技强则国家强，科技创新是开辟新赛道、塑造新动能、

振兴之路

赢得新优势的关键，是中国式现代化的强有力支撑。以科技创新推动产业创新，是习近平总书记为东北振兴开出的关键"药方"。黑龙江紧紧抓住科技创新这个动力源，以科技创新引领龙江全面振兴。

近年来，黑龙江省出台多项政策措施保障，印发落实《黑龙江省推进科技创新体系建设方案（2022—2026年）》《关于新时代加快推动创新龙江建设的意见》《新时代龙江创新发展60条》等，全社会研发投入同比增长11.9%，高于国家平均水平1.8个百分点。成立哈尔滨工业大学先进技术研究院、人工智能研究院等科技成果转化平台，2023年全省转化重大科技成果589项。龙江科技创新成果为载人航天、嫦娥探月、火星探测、"奋斗者"号深潜等国家重大工程提供了重要技术支撑。2023年，航空航天、电子信息制造、新材料等5个战略性新兴产业营收均实现两位数增长。全国重点实验室总数由7家增长到12家，在"五大安全"领域实现全覆盖。哈大齐自创区、佳木斯农高区建设加快推进，创新高地示范效应更加明显。实施科技成果产业化行动计划和高校、院所、企业成果产业化专项行动。2023年举办"汇智龙江"成果路演推介活动202场，对接项目2305个；实现重大成果转化589项，成果产业化项目新增经济效益99.2亿元。

黑龙江正在通过科技创新为地方传统产业赋能，进一步巩固提升传统产业优势。为了推进传统产业转型升级，黑龙江持续开展千企技改行动，抓好制造业数字化转型、中小企业数字化赋能等重点工作，2024年一季度技改投资增速达43.9%。始建于"一五"期间的中国一重，被周恩来同志誉为"国宝"，为新中国重型机械设备的制造立下过汗马功劳。改革开放以后，中国一重经历了改制转轨的阵痛，困难时仅给职工每月发200元生活费。一重人迎难而上、攻坚克难，通过深化企业改革、创新管理体系、推进技术革新等一系列措施，企业实现扭亏为盈，2017年成功制造了全球首台"华龙一号"—福清5号核反应堆压力容器，开启了我国自主核电新时代。目前，中国一重已累计获得国家级科技奖项近40项，省部科技奖项150余项，有效专利496项，其中发明专利226项，在核电、石化和冶金成套装备领域的制造能力已经达到了国际先进水平，实现了从"跟跑"向"领跑"的重大转变。

目前，黑龙江省累计认定省级数字化（智能）示范车间和智能工厂279个。在哈尔滨新哈精密轴承股份有限公司"黑龙江省数字化（智能）示范车间"，智能高速轴承生产线、自动调节电气系统、数控机床等智能化设备一应俱全。新产品研发设计全部采用数字化工具，数字化率达到100%。

在推动传统产业转型升级的同时，黑龙江积极谋划发展数字经济、生物经济、冰雪经济、现代物流、创意设计等产业，出台了产业振兴系列行动计划、重点产业规划及配套政策，先后吸引华为、腾讯、百度、华大基因等一批行业领军企业到龙江落地发展。近5年来，黑龙江全省研发经费投入年均增长5%，技术合同成交额年均增长28.5%。

2023年6月，我国首颗平板式新体制低轨宽带通信试验卫星"龙江三号"成功发射。"龙江三号"由哈尔滨工业大学和哈尔滨工大卫星技术有限公司联合研制，突破了再生式低轨星地高速通信、平板式卫星平台等关键技术。哈尔滨工大卫星技术有限公司是哈尔滨工业大学孵化的一家卫星生产制造企业，在哈尔滨新区落地扎根。这里集聚了40余家航天卫星领域相关企业，带动全省卫星产业链快速发展。

目前，黑龙江省已累计支持56项重大科技成果落地产业化，培育了一批质量过硬、品牌突出的优质科技型企业。2017年至2023年，黑龙江经国家认定的高新技术企业由929家增至4430家，增长约3.8倍，2023年入库的科技型中小企业2740家。创新龙江正释放出巨大的发展新动能。

（三）开放龙江：打造向北新高地

改革激发动力、开放带来活力，改革开放是龙江振兴发展的必由之路。在

振兴之路

黑龙江，国企改革三年行动取得扎实成效，北大荒集团走上了打造农业领域"航母"的高质量发展之路，森工集团完成了从伐木到护林的历史性转变，北方重工、哈尔滨轴承完成破产重整，以龙煤集团为代表的国资国企通过改革焕发出新的活力。财税、金融、科技、教育、司法等重点领域和关键环节改革也在不断深化。"放管服"改革成效明显，省级政务服务事项网上可办率提升至98.6%，自贸试验区534项涉企经营许可事项实现"证照分离"全覆盖。在民营企业梯度成长培育计划、中小企业成长工程、"振兴发展民营经济45条"等措施的推动下，黑龙江省市场主体数量较国企业改革3年行动前增长2.5倍。

黑龙江持续开展优化营商环境专项行动，努力打造一流的市场化、法治化、国际化营商环境。2023年新签约招商项目同比增长13.8%，新设立外商投资企业同比增长68.5%。"去年3月，公司在哈尔滨注册落地，6月底生产线就'跑起来'了。"黑龙江善行医疗科技有限公司副总经理说，"政府部门在办理各类手续时主动为我们'开绿灯'，几乎是'拎着'我们把所有手续办完了，园区也在生产线选址、用水用电等方面给予支持，帮助我们迅速搭建了生产线。"

黑龙江是共建"一带一路"的重要节点，是我国对俄开放合作的最前沿，有2981千米边境线、27个国家一类口岸及自由贸易试验区、边境合作区等开放平台。为了全面构建立体化开放体系，黑龙江积极参与"一带一路""中蒙俄经济走廊"建设，深入实施新时代沿边开放开发专项行动，持续深化以对俄为重点的全方位开放合作，加快建设开放龙江。2023年全省外贸进出口总额增长12.3%、增速居全国第6位，其中出口增长39.4%、增速居全国第3位；对俄进出口增长13.5%，出口增长67.1%。黑龙江面向俄欧和东北亚开放的地缘优势更加凸显，在畅通国内大循环、联通国内国际双循环中作用更加突出。

与此同时，凭借地缘优势，一场场国际性商贸及产业对接盛会在龙江召开。第三十二届哈尔滨国际经济贸易洽谈会、第六届中国国际新材料产业博览会、首届中国（黑龙江）国际绿色食品和全国大豆产业博览会接连举办。黑龙江，

2016—2023年黑龙江省（境内目的地/货源地）进出口总额统计（数据来源：华经产业研究院）

吸引着来自全球各地的客商，互联互通结出累累硕果。哈洽会自1990年创办以来，已经成功连续举办了32届，累计有80多个国家和地区的近180万中外客商参会参展，总成交额超千亿美元。在第三十二届哈洽会上，黑龙江与国内外企业签约合作项目224个，签约额845.63亿元。

在推进新时代沿边开发开放过程中，黑龙江不断完善跨境基础设施。黑河公路大桥、同江铁路大桥建成通车。哈尔滨太平国际机场是国家十大国际航空枢纽之一，也是对外开放的一类航空口岸，完成扩建后的机场可满足年货邮吞吐量17.5万吨、飞机起降14.1万架次的使用需求。2023年，哈尔滨机场共完成旅客吞吐量2080.5万人次，创历史新高，继续保持东北第一。乘着开放的东风，龙江以其独有的区域优势着力打造向北开放新高地。

（四）绿色龙江：护好北方生态屏障

生态大省黑龙江牢记习近平总书记殷切嘱托，深入践行"绿水青山就是金山银山"理念,坚持生态优先、绿色发展,建好建强祖国北方生态安全屏障,不断巩固提升绿色发展新优势,全力推动绿色龙江建设,持续向好的生态环境让黑龙江省高质量发展的底色更足。

绿色龙江建设是黑龙江省全面贯彻落实习近平生态文明思想的具体行动,也是推进现代化强省建设的必由之路。为了加快绿色龙江建设,黑龙江省陆续印发《关于全面贯彻落实习近平生态文明思想加快建设绿色龙江的意见》、《新时代支持建设绿色龙江60条政策措施》和11个领域行动计划,建立完善"1+1+N"政策措施体系,提出要坚持以绿色生态、绿色生产、绿色生活为鲜明导向和标志,统筹好生态生产生活"三大布局",推动全省经济社会发展方式全面绿色转型。目前,黑龙江省拥有全国生态文明建设示范区10个、"绿水青山就是金山银山"实践创新基地4个,其中鸡西市虎林市、大兴安岭地区漠河市成为全国生态文明建设示范区和"绿水青山就是金山银山"实践创新基地双命名地区。

多年来,黑龙江人民像爱护自己的眼睛一样,呵护、守卫着大森林、大草原、大湿地、大湖泊、大界江、大冰雪等优良生态环境和宝贵资源,使黑龙江始终成为我国北方重要的生态安全屏障。

走生态优先、绿色发展之路是龙江振兴发展的必然选择。黑龙江全省森林面积21万平方千米,居全国第2位;湿地面积3.5万平方千米,占全国近15%;10处湿地列入国际重要湿地名录,居全国第一。黑龙江聚焦绿色龙江建设,协同推进降碳、减污、扩绿、增长,世界珍稀鸟类丹顶鹤栖息数量不断增加,东北虎豹国家公园野生东北虎再啸龙江山林,江河湖泊水质不断提升,城乡群众生产生活环境越来越好。夏季在大海一样的兴凯湖畔、伊春森林大氧吧、牡丹江镜泊湖享受清新凉爽,冬季在哈尔滨冰雪大世界、亚布力高山滑雪场、中国雪乡、漠河北极村体验冰雪魅力。今天的黑龙江,山青、水绿、天蓝,绿色发展的底色更足、生态经济的优势更强!

黑龙江认真践行"绿水青山就是金山银山""冰天雪地也是金山银山"，充分发挥冰雪资源和特色文化优势，推动冰雪经济高质量发展。2023年冬季，黑龙江冰雪旅游成为现象级"顶流"，哈尔滨火爆"出圈"，2023年11月至2024年2月全省接待游客1.2亿人次、旅游收入1711.97亿元，同比分别增长222%和553%，均创历史新高，有力拉动了消费内需，激发了市场活力，提振了发展信心，带来了一系列综合效应。如今，黑龙江正在促进冰雪旅游由"一地一季"向"全域全季"转变，推动冰雪运动、冰雪文化、冰雪装备、冰雪旅游全产业链发展，塑造黑龙江冰雪国际形象，推动冰雪旅游"出圈"效应向经济社会各领域延伸，实现特色文化旅游与一二三产深度融合，让历史文化、音乐演艺、特色美食、体育赛事为广大游客带来新体验，让黑龙江的旅游装备、保暖衣帽、绿色食品、特色文创产品为全国消费者带来新选择。

黑龙江省深入打好污染防治攻坚战，锚定"蓝天、碧水、净土"三大保卫战，切实解决群众身边突出生态环境问题。位于双鸭山市宝清县的翡翠湖矿坑森林公园，曾是一座废弃露天矿坑，山体裸露，原有地表植被破坏严重。通过实施矿山修复项目和翡翠湖项目两期工程，将生态功能修复和资源开发利用有机结合，废弃矿坑"化腐朽为神奇"，摇身一变成为一处美丽景点。如今，翡翠湖矿坑公园景区成了集野外露营、婚纱摄影、卡丁车运动、森林康养等功能于一体的新兴郊野旅游度假目的地和特色生态休闲公园。自营业以来，公园已接待游客数万人次，带动旅游收入1200万元，吸纳100余户脱贫户就近务工，带动了周边地区旅游经济发展。

黑龙江把生态资源作为最牢固的发展基础，坚持山水林田湖草沙一体化保护和系统治理，着力增强生态系统多样性、稳定性、持续性，深入实施大气污染防治行动，启动省级生态环境保护督察，以督察利剑的实际行动推动绿色龙江建设，为筑牢祖国北方生态安全屏障贡献力量。强化散煤污染治理，加快推进清洁取暖项目建设，加强入江河排污口整治，加大各级生态环境部门现场巡查检查力度，累计排查入江河排污口 12398 个，溯源率 100%、整治率 97.73%，保障了全省水生态环境持续向好。2023 年松花江干流国控断面水质全部达到 Ⅲ 类，保持优等级，全省地表水国考断面水质优良，同比提高 3.1 个百分点，增幅排名全国第四。与此同时，黑龙江还进一步强化农业面源的污染防治，开展全省畜禽规模化养殖场（小区）环境污染治理专项执法检查，对哈尔滨市等 9 个城市进行农业面源污染监测评估，切实改善农村人居环境质量。2023 年，黑龙江省大气环境稳中向好，优于全国平均水平 7.4 个百分点，黑龙江省在全国污染防治攻坚战成效考核中连续两年位列前十，东北三省第一。全省全面实施国家黑土地保护工程，并在全国推广"龙江模式""三江模式"。绿色正在成为龙江高质量发展的亮丽底色。

（五）幸福龙江：共享发展新成果

民之所盼、政之所向，人民对美好生活的向往就是我们的奋斗目标。

黑龙江践行以人民为中心的发展思想，全力打造幸福龙江。经过多年努力，

2016—2023 年黑龙江省城镇居民人均可支配收入及消费支出统计图（数据来源：华经产业研究院）

第一章　崛起的黑土地

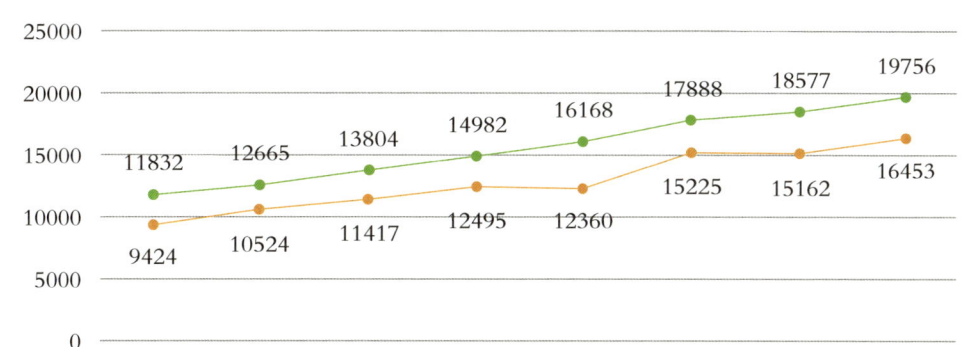

2016—2023年黑龙江省农村居民人均可支配收入及消费支出统计图（数据来源：华经产业研究院）

农村居民人均可支配收入累计值（元）：2016年 11832，2017年 12665，2018年 13804，2019年 14982，2020年 16168，2021年 17888，2022年 18577，2023年 19756

农村居民人均消费支出累计值（元）：2016年 9424，2017年 10524，2018年 11417，2019年 12495，2020年 12360，2021年 15225，2022年 15162，2023年 16453

现行标准下全省62.5万贫困人口全部脱贫，28个贫困县全部摘帽，1778个贫困村全部出列。全省财政民生支出占公共财政支出比重保持在85%以上，2023年城乡居民人均可支配收入分别比2016年增长41.8%和67%。

围绕保障和改善民生，黑龙江全面加快城乡基础设施建设。哈佳铁路、哈牡和牡佳高铁投入运营，铁伊高铁、佳鹤和北黑铁路加快建设。哈尔滨火车站完成改造扩建，城区地铁网络格局初步构建。京哈高速公路改造竣工投用，哈尔滨都市圈环线和绥大、哈肇等高速公路加快建设，全省高速公路网不断完善。建成一批重大水利工程，水资源综合利用和防洪减灾能力不断增强。电网主网架进一步加强。新型基础设施建设加快布局，建成5G基站7.2万座，哈尔滨国家级互联网骨干直联点获批建设。高速铁路里程比2012年增加1277千米，高速公路网日趋完善，民用运输机场发展到14个，居全国第五。

就业和社会保障工作不断加强。习近平总书记2016年5月亲切看望过的同江市八岔村赫哲族群众，现在人均年收入比当年增加了1万多元，日子越过越好。2023年，黑龙江省五常市遭遇洪水，灾情严重。正值习近平总书记在龙江视察，总书记亲临五常慰问灾民，深切关注灾民生活和灾后重建。在全省灾后重建攻坚战中，黑龙江省住建部门仅用两个月时间就完成了28578户住房恢复重建任务，实现了所有受灾群众有房住、温暖过冬天的保障目标。

截至 2023 年 12 月，黑龙江十年累计新增城镇就业 663 万余人，棚户区、老旧小区、农村危房改造成效明显，240 余万户困难群众居住条件得到改善。2023 年全省共举办招聘活动 9472 场次，达成就业意向签订协议 30.6 万人。2023 年治安案件发案率同比下降 16.6%，道路交通事故"四项指数"同比全部下降超过 20%。2023 年黑龙江省民政厅完善受灾群众基本生活保障协调联动机制，全省累计走访排查 109.52 万余人次，及时将符合条件的人员纳入救助范围。黑龙江省聚焦就医难点堵点，在提升医疗服务质量方面不断实施惠民、便民、利民的扎实举措，医疗卫生条件不断改善，每千人医疗卫生机构床位数高于全国平均水平。网上预约挂号，医保联网支付，积极推进异地就医直接结算，参保人员可以在全省已开通联网直接结算服务的 1689 家异地住院实现直接结算，再也不用排长队了，看病就医越来越方便快捷。

为满足广大群众的文化需求，黑龙江共建有文化馆 141 个，公共图书馆 105 个，美术馆 10 个，博物馆 221 个。2012 年至 2023 年，黑龙江冰雪运动员获得世界冠军 268 个，杨扬、王濛、韩晓鹏、申雪、赵宏博、张虹、任子威、高亭宇、韩聪、隋文静等龙江儿女，是中国冰雪体育运动的骄傲，北京冬奥会中国 9 枚金牌中有 4 枚来自龙江健儿，哈尔滨、七台河被授予"奥运冠军之城"。2025 年 2 月第九届亚洲冬季运动会将在哈尔滨市举行，这将是继 2022 年北京冬奥会后中国举办的又一重大国际综合性冰雪盛会。

（六）勤廉龙江：党的建设保驾护航

勤为政要、廉为政本，勤政清廉是龙江振兴发展和现代化建设的重要保证。多年来，黑龙江各级党组织坚定扛起全面从严治党政治责任，狠抓能力作风建设，驰而不息正风肃纪反腐，全省干事创业氛围更加浓厚，政治生态持续向好，勤廉龙江建设取得积极成效。

黑龙江的发展离不开每一个党员干部的廉洁自律，克己奉公。在黑龙江省望奎县通江镇正兰头村，有一位人人称赞的党支部书记贾振刚。他在任20年，把正兰头村由原来的欠外债70万元的"空壳村"，发展成集体积累700万元、存款300多万元的富裕村。多年来，他以身作则、清正廉洁，为了打造一支过硬的致富带头人群体，先后组织开展各类培训80多次，培训党员干部600多人次新型农民4200多人次，培养各业带头人147人。他带领班子成员大力抓好植树造林，发展壮大集体经济。20多年来，全村林地面积达2900亩，占全村土地面积的28%，估算价值450万元，年增值30万元，被当地老百姓称为"绿色银行"。贾振刚引带村民发展烤烟、甜菜等特色作物，探索出玉米套种白芸豆和南瓜立体栽培模式，每年促农增收100余万元。积极引导农民发展生猪、肉鸡等优势畜牧业，建起了万头养猪场和占地600平方米的鸡舍，带领广大农民发展畜牧业增收致富。他还积极引导外出创业能人带头搞劳务输出业，全村在北京、大连、牡丹江等地建外埠劳动力转移党支部4个，辟建基地8个，年输出劳动力1100多人，创收2000万元。正是因为有这样时刻牢记初心、践行使命的党员干部，才确保了黑龙江的高质量发展与经济社会的稳定。

纪检监察战线是反腐防腐的最后一道防线。纪检监察干部是肩负监督检查党的方针政策贯彻落实、惩处腐败等重要使命的干部。2022年，全国纪检监察系统表彰大会上，黑龙江3个集体10名个人受到表彰。从政治生态到巡视（察）整改，从"天价烟"到脱贫攻坚，从扫黑除恶到疫情防控……党中央重大决策部署到哪里，监督检查就跟进到哪里；人民群众反对和痛恨什么，就坚决防范和纠正什么。荣誉的背后，是各级纪检监察机关忠诚履职、惩贪治腐的生动写照。纪检监察干部充分发挥监督保障执行、促进完善发展作用，用勇于担当、敢打硬仗和为民奉献的赤诚之心，深刻诠释了忠诚、干净、担当的政治本色。

"勤"是什么？是能力作风。3年来，全省靶向攻坚1789项重点难题，有效

振兴之路

破解一批阻碍振兴发展的难点堵点，引进建设一批重大项目，着力办好一批民生实事，页岩油进入效益开发阶段，黑瞎子岛公路口岸获批建设，获批国家标准化创新发展试点和全国首批数字化转型贯标试点省，粮食生产实现连丰……

"廉"是什么？是反腐倡廉，是正风养廉，是肃纪守廉。3年来，黑龙江的金融、国企、高校、水利工程建设等领域腐败问题得到有效治理，教育医疗、养老社保、物业供暖等民生领域腐败问题得到大力整治。对享乐奢靡问题露头就打，对形式主义官僚主义问题坚决纠治，监督护航优化营商环境，集中治理"庸懒散慢浮"问题，以作风建设常态长效，涵养勤政清廉新风正气。与此同时，督促各级领导干部知纪守纪、知法守法。按照省委统一部署，纪检监察机关联合公安机关开展惩治诬告陷害行为专项治理，进一步营造了干事创业的良好环境和风清气正的政治生态。

坚持全面从严治党，持续加强党的建设。党的建设是一项需要长期重视、久久为功的重要工作，多年来黑龙江严抓党建不松懈，政治纪律政治规矩意识不断增强，党内政治生活严肃规范，各级党组织更加坚强有力，党员干部能力作风更加过硬，权力监督和执纪执法体系更加健全，不敢腐、不能腐、不想腐一体推进，反腐败斗争压倒性胜利全面巩固，风清气正的政治生态持续提升，黑龙江广大党员干部以自我革命的政治自觉，为振兴发展提供了坚强政治保障，为现代化建设保驾护航。

牢记习近平总书记的殷切嘱托，肩负着东北振兴的使命责任，3100多万龙江儿女不懈奋斗，奋勇前行，让龙江这片黑土地发生了历史性变革，取得了历史性成就。今天的黑龙江，将牢牢把握在国家发展大局中的战略定位，扭住推动高质量发展这个首要任务，全面贯彻新发展理念，以进一步全面深化改革为强大动力，奋力闯出一条新时代龙江振兴发展新路，用自己的实际行动更好服务中国式现代化建设大局，以一地一域的高质量振兴发展为全局增光添彩。

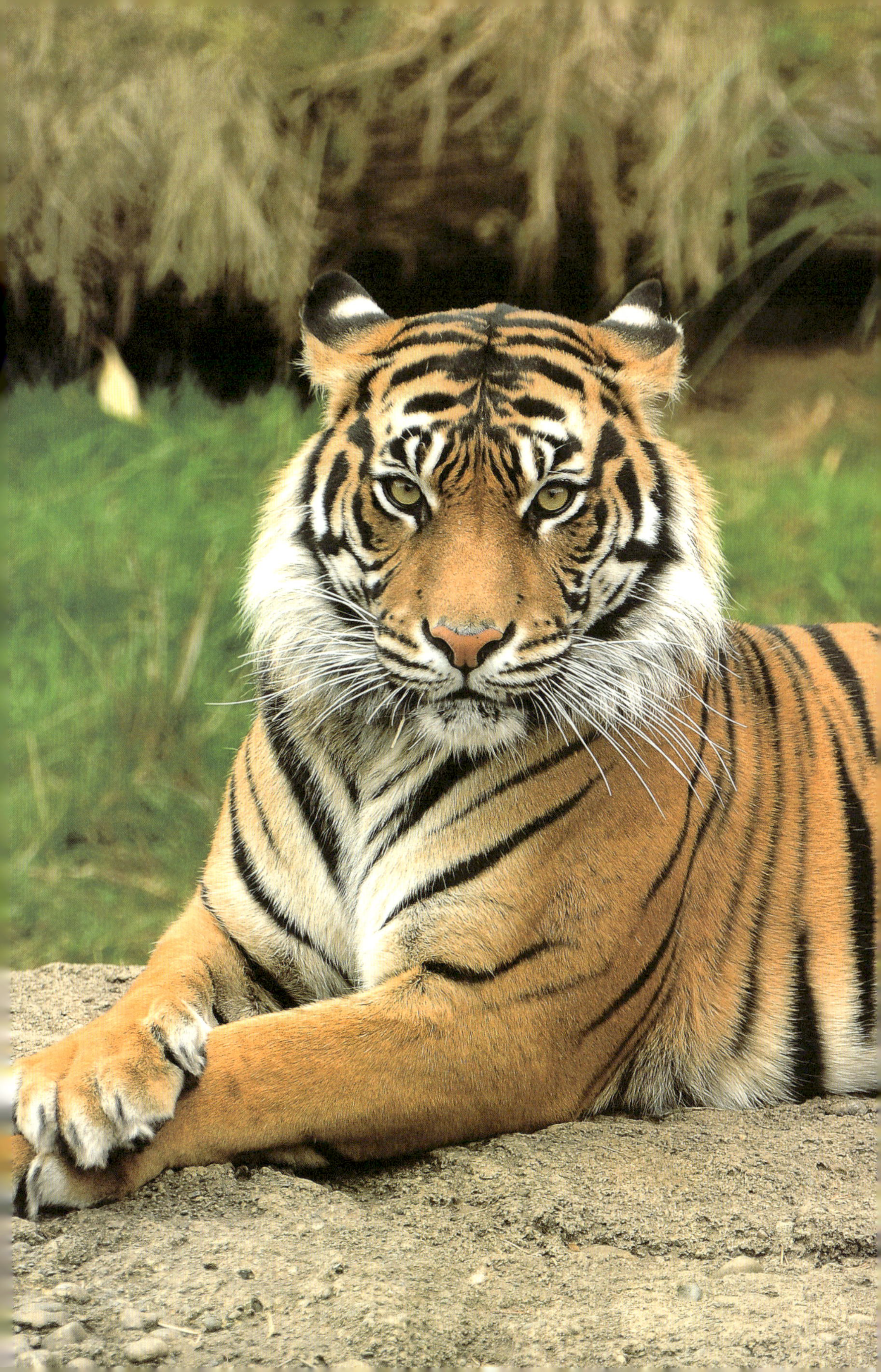

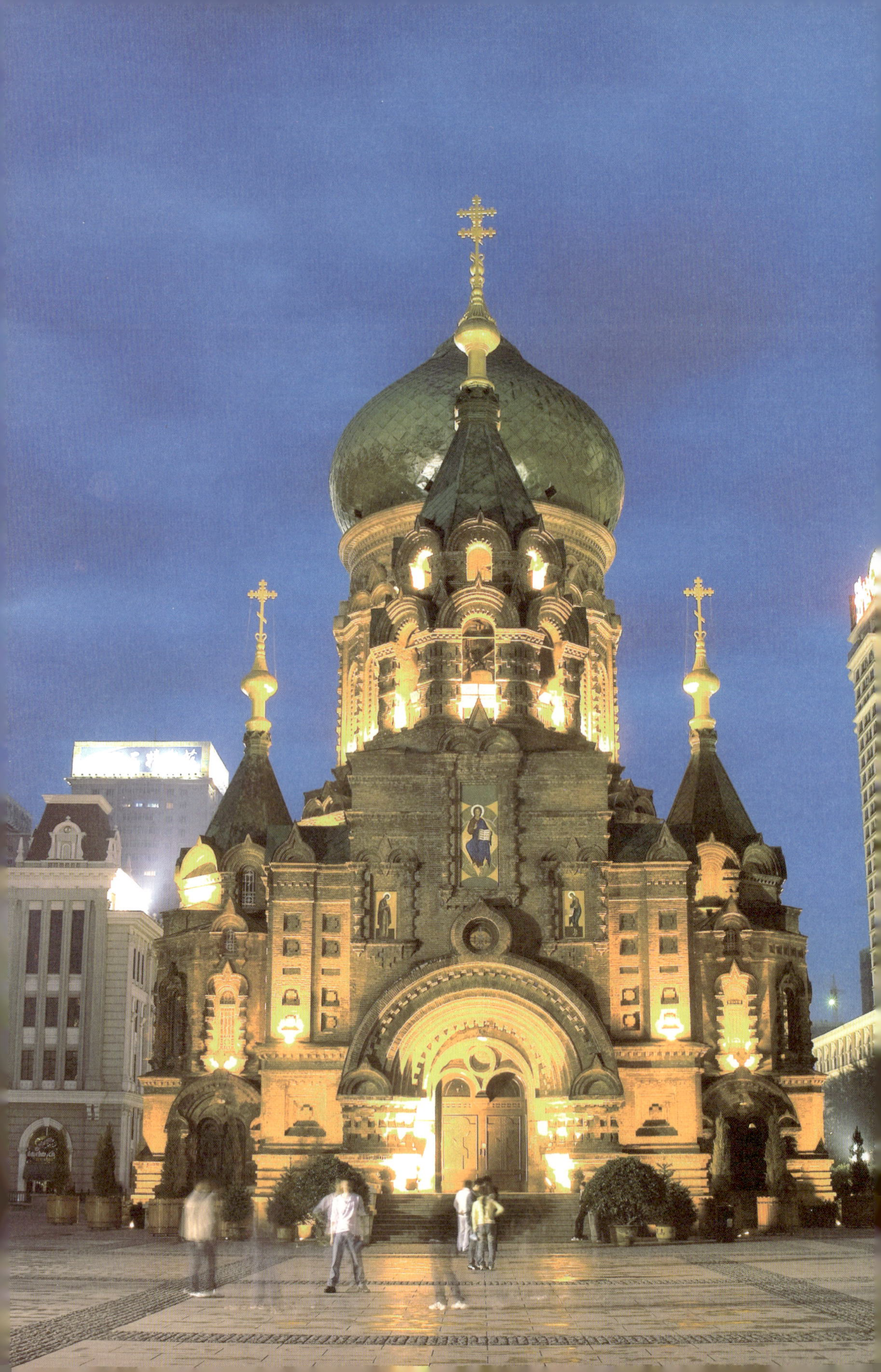

第二章

打造发展新质生产力实践地

习近平总书记在2023年9月考察黑龙江期间提出"加快形成新质生产力",在中央经济工作会议上和中央政治局第十一次集体学习时,对发展新质生产力的一系列重大理论和实践问题进行了系统阐述,为推动高质量发展提供了科学指引。黑龙江省科教资源丰富、创新底蕴深厚、产业基础坚实,在习近平总书记指引下,在加快打造发展新质生产力实践地的征途上迈出稳健步伐。创新驱动力日益强劲,现代化产业体系构建蹄疾步稳,绿色发展成效明显,创新发展活力持续释放,奏响了新时代黑龙江高质量发展、可持续振兴的激昂乐章。

振兴之路

一、发挥科技创新增量器作用

2023年9月，习近平总书记在黑龙江考察时指出，整合科技创新资源，引领发展战略性新兴产业和未来产业，加快形成新质生产力。黑龙江按照总书记指引的方向，依托科教资源富集、产业基础坚实等优势，坚持以"创"为"闯"，激发创新驱动内生动力，激活科技资源，激励科研人才，使蕴藏在这片黑土地上的科技势能不断转化为振兴动能。进一步发挥科技创新"增量器"作用，赋能传统产业转型升级，培育壮大新兴和未来产业，推动全省在高质量发展之路上加速前进。

（一）科研院所领航集聚科教资源

黑龙江省科教资源富集。一是高校院所实力雄厚。拥有哈尔滨工业大学、哈尔滨工程大学等高等院校78所，有中船重工703所、中电科49所、省科学院、省农科院等独立研究院所125家，其中中直院所18家、省属院所21家。二是高端人才队伍不断壮大。黑龙江省现有"两院"院士42位，累计入选国家高层次人才特殊支持计划、省杰出青年科学基金等181人。三是创新平台支撑有力。黑龙江省建有各类科技创新基地694个，其中省重点实验室290个，省工程技术研究中心（技术创新中心）404个，在航空航天、船舶动力、电力装备、国防军工等领域的创新资源优势显著。这些资源已经成为支撑黑龙江省科研优势转化为产业优势、发展优势的重要基础和底气来源。

哈尔滨工业大学（以下简称"哈工大"）是工业和信息化部直属的全国重点大学，进入国家"双一流"建设高校名单，入选国家"985工程"和"211工程"。学校设有哈尔滨、威海和深圳三个校区。在"双一流"建设学科中，力学、机械工程、材料科学与工程、控制科学与工程、计算机科学与技术、土木工程、航空宇航科学与技术和环境科学与工程是哈工大的优势学科。在全国第四轮学科评估中，哈工大共有17个学科位列A类，学科优秀率（A类学科占授权学科的比例）位列全国第六，A类学科数量位列全国第八，工科A类数量位列全国第二。US News 2019全球工科大学排行榜第六位。

哈工大以其雄厚的师资力量、卓越的科研实力和创新的人才培养模式而闻

哈尔滨工业大学（辛然 摄）

振兴之路

名。学校拥有一支由院士、长江学者、杰出青年基金获得者和其他优秀教师组成的高水平教师队伍，积极推动着学科的发展和创新能力的提升。此外，哈工大还与国内外多家高校和研究机构建立了广泛的合作关系，促进了科研成果的转化和应用。哈工大注重学生全面发展和创新创业能力的培养。学校设立了多个实验室和研究中心，为学生提供了良好的实践和研究条件，鼓励学生参加各种科技竞赛和创业活动，并提供奖学金和资金支持，让学生充分展示和发挥自己的才华和潜力。哈工大以其优质的教育资源、卓越的学科实力和创新的人才培养模式成为中国乃至世界范围内的一流大学。

哈尔滨工程大学（以下简称"哈工程"）是工业和信息化部直属的全国重点大学，也是"双一流"、"211 工程"和"985 工程优势学科创新平台"的成员之一。学校以船舶与海洋工程为其"双一流"学科，致力于这一领域的教育和研究。根据第四轮学科评估结果，哈工程的优势学科包括船舶与海洋工程、控制科学与工程、动力工程及工程热物理、信息与通信工程、计算机科学与技术、核科学与技术和管理科学与工程。其中，船舶与海洋工程位列 A 档，控制科学与工程、动力工程及工程热物理、信息与通信工程、计算机科学与技术、核科学与技术和管理科学与工程位列 A- 档。哈工程以其在船舶与海洋工程领域的卓越研究和教育成果而闻名。学校有一支高水平的教师队伍，他们在这一领域具有丰富的经验和专业知识。学校还设有多个实验室和研究中心，为师生提供了理想的研究和实践平台。哈尔滨工程大学也注重学生全面发展和创新创业能力的培养。学校提供了各种实践和实习机会，鼓励学生参加科技竞赛和创业活动。学校还与国内外多家高校和企业建立合作关系，为学生提供实习和就业机会。哈工大凭借其在船舶与海洋工程领域的优势和实力成为中国乃至世界范围内的重要高等教育机构之一。

东北林业大学是以林科为优势、林业工程为特色的教育部直属高校。学校是国家"双一流"建设高校，也是"211 工程"和"985 工程优势学科创新平台"

哈尔滨工程大学（金声 摄）

的成员之一。根据第四轮学科评估结果，东北林业大学的优势学科包括林业工程、林学、风景园林学、生物学、生态学和农林经济管理。其中，林业工程和林学位列 A 档，风景园林学、生物学、生态学和农林经济管理位列 A- 档。东北林业大学以其在林业科学和工程领域的研究和教育成果而闻名。东北林业大学注重学生全面发展和创新创业能力的培养。学校为学生提供了各种实践和实习机会，鼓励学生参加科技竞赛和创业活动，还与国内外多家高校和企业建立合作关系，为学生提供实习和就业机会。东北林业大学凭借其在林业科学和工程领域的实力和优势成为中国乃至世界范围内的重要高等教育机构之一。

东北农业大学 1948 年创建于哈尔滨，始称东北农学院，是中国共产党在解放区创办的第一所普通高等农业院校，1996 年跻身国家"211 工程"重点建设大学行列，2011 年成为黑龙江省人民政府与原农业部省部共建大学，2013 年入选"中西部高校基础能力建设工程"高校，2017年入选国家世界一流学科建设高校。学校现有1个国家世界一流建设学科，3个国家重点学科，3个国家重点（培育）学科，2个农业农村部重点学科，12个黑龙江省优势特色学科，1个ESI全球前1‰学科领域，8个ESI全球前1%学科领域。东北农业大学在农业科学领域具有显著优势，农业工程、食品工程、兽医等学科在全国处于领先地位，拥有多个国家和省重点实验室，为农业现代化建设提供了有力科技支撑。

目前，黑龙江4所高校12个学科进入国家"双一流"建设范围，第五轮学科评估A类学科由23个增加到30个，进入ESI全球前1%学科达到65个。全国重点实验室建设数量一年内实现倍增，5个国家级企业技术中心获批，新增3个国家级科技企业孵化器，全省省部级及以上科技创新平台近1600家，高新技术企业达到4430家，吸引集聚了一批高水平专家学者、青年才俊和创新团队，推进中国式现代化龙江实践的人才"底座"越发坚实。

瞄准制约科技潜力释放的"堵点"，黑龙江省加强顶层设计，借助市场力量"解冻"科技资源，向高新技术成果产业化精准发力。借助早年自建的中国模拟飞行论坛，哈尔滨莱特兄弟科技开发有限公司创始人刘忠亮"大浪淘金"组建起核心团队，自主研发出波音737NG型飞行模拟机，进军商用航空市场，与波音、空客等签订了相关合作协议。着力打造集模拟器制造、飞行培训、科普教育、旅游体验和主题创客空间等于一体的创新生态链。一些科研单位还与企业共建联合体，面向"市场有需求、自主有优势"的产业发力，向科研成果从实验室迈进市场的"最后一公里"要效率和效益。神舟飞天、嫦娥探月、蛟龙入海，国人引以为豪的大国重器，都不乏黑龙江科技的"身影"。

（二）国有大型企业深积创新底蕴

黑龙江省作为中国工业发展的先行者，一直以其重工业和制造业的雄厚实

第二章　打造发展新质生产力实践地

动力之乡（黑龙江省档案馆　供图）

力闻名。哈尔滨，作为这座大省的省会和经济中心，不仅承载着工业发展的重任，更是文化、科技、教育和创新的汇聚之地。在这片繁荣的土地上，多家大型国有企业如璀璨的明珠，为黑龙江乃至全国的经济发展贡献着巨大的力量。

第一，中国一重集团有限公司。1954—2024年，在半个多世纪的历史长河中，中国一重已经从塞北荒原上"钢铁之母"的第一重型机械厂，成长为习近平总书记赞誉的"中国制造业第一重地"。回首中国一重70年的发展历程，凝聚着数代创业者产业报国、工业强国的奋斗努力，是新中国装备制造业从无到有、由弱到强的历史缩影。中国一重因国家战略而生，因国家战略而兴。70年来，中国一重与国家同呼吸、共命运。目前，中国一重正加快转型升级，坚持材料与装备并重，装备与服务并举，国内与国际共同拓展，传统产业与新兴产业同向发力，构建形成以高端装备、专项产品、高端材料、工程与国际贸易、现代制造服务业、新能源开发与利用、战新及未来产业为主体的"6+1"产业布局，加快建设成为世界一流企业集团。2024年，中国一重迎来了自己70周年的华诞，在这70年间，中国一重始终坚持党的领导、矢志不渝

振兴之路

听党话、跟党走,在中华民族实现从站起来、富起来到强起来的伟大飞跃中,见证并参与我国重大技术装备从无到有、从弱到强的历史。在这风光伟业的70年中,中国一重共为国民经济建设提供机械产品600余万吨、开发研制新产品435项、填补国内工业产品技术空白534项,创造了数百项"第一"。先后获得省部级以上科学技术奖183项,其中国家级特等奖2项、一等奖9项。打造了全球首堆"华龙一号""国和一号""玲龙一号"核反应堆压力容器,12台世界最大3000吨级锻焊反应器实现批量化交付,世界最大冲击式机组全尺寸不锈钢转轮8项关键核心技术攻关任务取得突破,中国标准、中国技术、中国制造国产化的道路上相继实现"零"的突破,创造了一系列世界纪录,有力保障国家安全。

第二,航空工业哈尔滨飞机工业集团有限责任公司。公司创建于1948年,是我国"一五"时期156个重点建设项目之一,曾支援航空工业20余个厂所的建设。公司历史上研制生产了我国第一架直升机——直5、第一架轻型喷气轰炸机——轰5、第一架大型水上反潜轰炸机——水轰5等机型。改革开放后,相

中航工业新近中型多用途直升机AC352(航空工业哈尔滨飞机工业集团有限责任公司 供图)

继自主研制生产了直9系列直升机、运12系列飞机,近年来,公司聚焦航空主业,加快推进航空产品升级换代,形成了以"直9系列""直19"军用直升机、"AC312E""AC332""AC352"民用直升机和"运12E""运12F"固定翼飞机为代表,一机多型、系列发展的产品体系,全方位满足客户需求。公司产品遍布30余个国家和地区,如今已成为中国航天工业的重要支柱,为我国航空工业发展和国防建设作出了重要贡献。

第三,哈尔滨电气集团。这家由哈尔滨"三大动力厂"合并而成的国家级电力装备研发中心,凭借其卓越的技术实力和综合生产能力,已发展成为电力行业的领军企业。集团的产品涵盖了水力、燃煤和燃气轮机等各个领域,不仅满足了国内市场的需求,还出口至全球多个国家和地区,为世界的能源供应作出了积极贡献。

第四,中国石油天然气股份有限公司哈尔滨石化分公司。作为中国石油化工集团的重要成员,该分公司依托大庆和俄罗斯原油资源,发展成为国内重要的石油化工基地。公司拥有先进的生产工艺和技术设备,能够生产出高质量的汽油、航空煤油、柴油等石油产品,为我国石油化工行业的发展作出了巨大贡献。

此外,哈尔滨东安引擎作为中国航空工业的重要组成部分,自1948年成立以来一直致力于轻型航空动力和机械传动系统的研发与制造。公司凭借先进的技术和严格的质量管理,成功制造出国内首台涡轮式航空发动机和多项中国第一的产品,为我国航空工业的发展奠定了坚实基础。

在铁路交通方面,中国铁路哈尔滨局集团有限公司作为全国最大的铁路总公司之一,承载着国家交通网络的重要使命。该公司前身为沙俄中东铁路,自1898年开通以来已有100多年的历史。如今,哈尔滨铁路局依然发挥着举足轻重的作用,是全国煤炭、石油、木材和粮食等大宗货物的中转中心,对于国家的战略运输具有重要意义。

中国哈尔滨一汽大众有限公司作为一汽集团的重要合作伙伴，自1955年成立以来一直致力于汽车变速箱、驱动桥等核心部件的研发与生产。公司凭借先进的技术和严格的质量管理，为国内外众多知名汽车品牌提供了优质的零部件产品，为汽车行业的发展作出了重要贡献。

在老工业基地黑龙江，集聚着中国一重、哈电集团等一批行业龙头企业。它们完成过国家众多重点工程和研发任务，具有较强的原始创新能力。黑龙江省工业和信息化厅数据显示，2023年，黑龙江培育省级智能工厂、数字化车间51个，创建国家级绿色工厂达38户。

（三）强化政策供给构建创新生态

黑龙江省出台《关于新时代加快推动创新龙江建设的意见》（以下简称《意见》）以及《新时代龙江创新发展60条》（以下简称《创新发展60条》），《意见》中涉及商务领域重点任务体现在几个具体方面。

一是培育壮大创新型产业集群。包括发挥各级经开区、高新区等载体作用，建设若干各具特色、功能协调、优势互补的创新型产业集群、战略性新兴产业集群和先进制造业集群等措施。二是加快推动服务业模式创新。包括推动生活性服务业向高品质和多样化升级，推动服务贸易创新发展，大力发展数字贸易，加快服务外包集聚发展等措施。三是优化龙江区域创新布局。包括推动哈大齐国家自主创新示范区和自贸试验区"双自联动"，大幅提升创新策源功能；加力提升高新区、经开区集聚创新资源、承载高新技术产业能力等措施。四是融入国内创新大格局。包括主动对接京津冀协同发展、长江经济带等国家区域战略发展，推动政府、企业间交流合作，引入创新资源，承接产业转移等措施。五是加强国际创新交流合作。包括积极参与"中蒙俄经济走廊"建设，推动对俄全地域全领域创新交流合作，打造向北开放新高地；加强与日、韩、蒙等国家间人才、技术等要素跨境流动与融合；高质量办好中俄博览会、亚布力论坛等重要展洽活动，加速国内外创新要素集聚等措施。此外，《创新发展60条》中又提出"支持自贸试验区、自创区先行先试，支持智慧口岸建设，加强科研基础保障"三条商务领域具体政策。

《意见》以及《创新发展60条》紧扣创新主题，突出产业需求和科技成果转化导向，通过科技创新带动全面创新，政策覆盖面广，指向性强，引领作用明显，特别是财政支持政策含金量高，对企业创新的支持范围和力度前所未有，对高校和科研院所的支持力度持续加大，有效激发了各领域创新活力，释放经济发展新动能，更好地支撑龙江高质量发展。

首先，统筹财政资源，增强重大决策保障能力。为更好赋能高质量振兴发展和现代化强省建设，2023年黑龙江省"4567"现代化产业体系政策资金预算安排增长23%，人才发展资金预算安排增长13%，特别是省级科技专项资金预算已连续3年保持20%的增速，有力支持了黑龙江省产业振兴和创新发展各项政策落实。2024年，省级财政统筹科技、教育、工信等领域专项资金，保持投入强度，提升投入精度，集中资金保障《创新发展60条》政策顺利兑现、发挥成效。

其次，深化"放管服"改革，推动科技创新与人才培养协同发力。在60条创新发展政策中，通过创新职务科技成果国有资产管理、允许横向科研经费结余入股企业、深化科研经费管理改革等一系列"软政策"，赋予科研人员更大的自主权，充分调动各类创新人才的积极性、主动性，助力黑龙江省以创新聚人才、提质量、增动能。

2024年6月14日，黑龙江省委依法治省办和省营商环境建设监督局在省内首次印发《黑龙江省加强法治化营商环境建设若干措施》（以下简称《措施》），要求充分发挥法治固根本、稳预期、利长远的保障作用，为各类经营主体创造更加稳定、透明、规范、可预期的法治环境。《措施》明确了6个方面23项工作任务。

黑龙江省人力资源和社会保障厅会同省发展改革委、省教育厅等七部门联合印发《黑龙江省高技能领军人才三年倍增计划（2024—2026年）》，聚焦维护国家"五大安全"、服务"六个龙江"、建好"三基地、一屏障、一高地"对技能人才需求，健全培养、使用、评价、激励联动推进机制，动员和依托社会各方面力量，力争用3年左右时间，全省新培育高技能领军人才600人，领军人才总量实现倍增，带动新增高技能人才6万人以上。

黑龙江持续推进人才发展体制机制改革，最大限度向用人主体授权，最大力度为人才减负松绑，围绕编制管理、人才招聘、职称评定、薪酬分配、成果转化等方面，出台制度文件30余个，下放取消行政审批权50余项；建立健全以信任为前提的科研管理机制，推行科研经费"负面清单"管理；坚持破"四唯"、立"新标"并举，建立以创新价值、能力、贡献为导向的评价体系；创新薪酬激励机制，落实以增加知识价值为导向的收入分配政策……一系列有力度、有温度的政策，充分激发了人才创新创造活力，在航空航天、舰船动力、油气开发、种质创新、机器人、卫星应用等领域攻克一批关键核心技术；人才创新整体效能大幅提升，2022年，全省发明专利拥有量增幅40.9%，每万人口高价值发明专利拥有量增幅99.6%，提前超额完成2025年预期目标；世界知识产权组织发布的《2023年全球创新指数》报告显示，哈尔滨跃居全球科技集群百强榜第53位，东北地区第一。

黑龙江省聚焦创新龙江建设目标，多措并举加快发展新质生产力。

着力提升科技创新能力。坚持"四个面向"，优化资源配置，增加科技创新源头供给。开展科技体制改革三年攻坚，推进科技计划管理改革，激发全社会创新活力。加强关键核心技术攻关，突破一批瓶颈技术，积极抢占新兴产业高地。强化企业创新主体地位，引导创新型领军企业牵头组建创新联合体、产学研技术创新联盟，真正解决企业技术难题，使科技创新"关键变量"成为振兴发展的"最大增量"。

着力加强创新平台建设。统筹重点产业需求和科研优势力量，积极创建一批全国重点实验室、国家工程研究中心、技术创新中心等国家级创新平台。支持建设一批省级创新平台和新型研发机构等创新转化载体，服务科技研发和成果转化。高水平建设区域创新载体，加快哈大齐国家自主创新示范区、佳木斯国家农业高新技术产业示范区和哈尔滨国家新一代人工智能创新发展试验区建设，全力打造创新驱动发展示范区和高质量发展先行区。

着力推动科技成果产业化。深入实施科技成果产业化行动计划，开展高校、科研院所、企业科技成果产业化专项行动。推动建设环大学大院大所创新创业生态圈，依托高新区建设科技成果产业化基地。培育壮大科技型企业，继续实施新一轮科技型企业三年行动计划，加快培育科技型中小企业、高新技术企业、创新型领军企业，实现高新技术企业量质齐升。建立完善科技成果供需精准对接、产学研协同转化、科技与金融联动等机制，加快促进重大成果落地和产业化，奋力跑出创新引领振兴发展加速度！

二、打造经济发展"四大新引擎"

当前，全球经济结构正在经历深刻变革，科技革命和产业变革加速演进。塑造经济新引擎，不仅是顺应国际趋势的必然选择，也是把握全球科技和经济发展脉搏的重要举措。纵观世界经济发展格局，目前中国经济巨轮已驶入更具挑战性的"新海域"。一方面，世界百年未有之大变局加速演进，全球经济形势仍存在诸多不确定性，各种衍生风险不容忽视；另一方面，随着中国经济从高速增长转向高质量发展，一些传统增长动能已难以满足现实需要。无论是提高抵御外部风险冲击的能力，还是促进经济长期健康发展，加快培育新经济引擎都刻不容缓。

作为中国第一架直升机、第一架轻型喷气轰炸机、第一台模拟计算机等生产地的黑龙江，曾因工业而辉煌，铸就了一个个事关国脉、关系民族盛衰的"大国重器"。但进入 21 世纪以来，产业结构偏重也成为制约黑龙江振兴发展的突出问题。2016 年 5 月，习近平总书记在黑龙江考察调研时强调，黑龙江转方式调结构任务艰巨，要着力优化产业结构，改造升级"老字号"，深度开发"原字号"，培育壮大"新字号"。沿着习近平总书记指引的方向，黑龙江提出了要抢抓新一轮科技革命和产业革命机遇，把加快推进数字经济、生物经济、冰雪经济、创意设计产业发展作为打造经济发展新引擎的最佳突破口，这既是顺应技术产业变革趋势、实现新旧动能加快转换的重要抓手，也是黑龙江主动服务和融入构建新发展格局、建设现代化经济体系的战略举措，更是打造新增长板块、建立新发展优势的现实选择。那么黑龙江是如何打造"数字经济、生物经济、冰雪经济、创意设计"四大经济引擎，实现弯道超车、跨越发展呢？让我们一起走进黑龙江经济发展"四大新引擎"的打造之旅。

（一）抢滩数字经济新蓝海

数字经济是引领未来的新经济形态，是新时代经济发展的新引擎。为大力发展数字经济，黑龙江采取一系列政策措施，致力于打造全国一流的数字经济发展环境，助力黑龙江经济振兴发展。2018年黑龙江省人民政府印发了《关于"数字龙江"建设的指导意见的通知》，2019年印发了《"数字龙江"发展规划（2019—2025年）的通知》，2022年印发了《黑龙江省"十四五"数字经济发展规划》《黑龙江省支持数字经济加快发展若干政策措施》，为做优做大数字经济，打造数字经济发展新优势提供了条件。同时，以上政策的实施，强化了黑龙江数字经济发展政策的持续性、稳定性。巢好凤自来，2022年5月，华为、中兴、腾讯、百度、京东、中科六大数字经济头部企业纷纷签约龙江，大数据、云计算、区块链、人工智能等新兴业态快速成长，数字经济产业集群初具规模。此外，作为黑龙江信创产业生态合作示范基地、黑龙江数字经济国际合作的桥头堡，黑龙江鲲鹏生态创新中心也无疑为龙江数字经济创新发展提供了强有力的支撑。黑龙江鲲鹏生态创新中心于2022年底落成并投入运营，是全国第24个鲲鹏生态中心。自运营以来，鲲鹏生态创新中心已与黑龙江省内外64家企业签署战略合作协议，如华鲲振宇、麒麟信安、麒麟软件、清华同方、天融信、达梦数据库、南大通用等软硬件厂商。截至2024年3月底，142家企业获得了黑龙江鲲鹏生态创新中心"鲲鹏展翅技术认证"证书，30余家企业正在与鲲鹏适配认证中。

振兴之路

黑龙江鲲鹏生态创新中心（哈尔滨市松北区工信局 供图）

当老工业基地插上"数字的翅膀"，当千里沃野被"智慧农具"绘就，当田野乡村成为数智成果的"试炼场"，当"人工智能+"不断涌现催生新产业，数字龙江的画卷便徐徐展开。借助人工智能、大数据等技术打造作物大模型，对水稻的生长、病害虫害进行识别；以远程巡检代替现场巡检，使采油队员巡检数量从每天两次缩减到十天进行一次；利用数字孪生建模、车辆追踪、识别检测等技术，实时获悉隧道内车辆拥挤度……数字化技术的"种子"正在黑龙江这片沃土生根发芽，助推数字经济蓬勃发展。作为粮食企业排头兵，北大荒集团正利用数字化手段，重点围绕作物大模型开展经济作物布局。根据环境因素，尤其是整个作物生长对于水、肥、气、热的需求，进行加工和处理，实现了精准的分析和相应的农事指导。目前，北大荒集团先后启动建设了两批共20个数字农（牧）场，核心示范总面积30.4万亩，辐射带动236万亩农田，建成了七星、胜利、创业、红卫、勤得利、二道河6个规模化国产农机装备智慧农场，成为全国领先智慧农场群。①"道路通则经济通"，黑龙江省交通投资集团有限公司是黑龙江"铁、公、机、水、矿"大交通建设的投资平台，具有"融、投、建、管、营"一体化产业生态链。自2019年组建以来，就将数字化刻入了"发展基因"，全力推动"数字交投"建设。其中，智慧物流枢纽平台、智慧公路管控平台是数字化建设的两大重点。智慧物流枢纽平台分为园区智能管理、仓储管理、运输管理和经营决策管理四大模块，利用数字化智慧化系统可以充分了解各个园区的数据经营指标，包括人员、仓储、车辆态势以及企业用户的总数、货主企业、年度行驶里程等。石油被称为"黑色的金子""工业的血液"，是国家经济的命脉。1959年大庆油田被发现，始有"大庆"之名。如今，大庆这座因石油而生的城市，随着发展数字经济上升为国家战略，正在乘"数"而上，打造了一体化城市运行管理中心——数字大庆中心IOC。该中心整合了城市运营管理指挥中心、应急指挥中心、综合治理中心、12345话务中心、新闻发布中心，通过城市概览、城市治理、经济运行等8大IOC专题，实现"一脑智全城、一屏看全城、一网通全城、一端管全城"。

（二）建设生物经济新基地

生物经济作为高度依赖"技术驱动"和"创新驱动"的新经济形态，正在勾勒人类社会未来发展美好蓝图。黑龙江作为国家重要的农业大省、生态大省和寒温带生物基因库、国家优质道地药材重要产地，近年来，生物经济规模不

---

① 杨世龙、白雪、谭砚文等：《北大荒集团发展数字农业的主要做法、经验及启示》，《中国农垦》2022年第12期。

断扩大、产业体系不断完善、创新能力不断增强，逐步形成了以生物医药、生物农业、生物制造、生物能源为主体的现代生物产业体系。

省第十三次党代会擘画了未来 5 年黑龙江省振兴发展的蓝图，对打造"生物经济新基地"作出部署，这标志着生物经济发展正迈入新阶段。目前，黑龙江省出台了《黑龙江省"十四五"生物经济发展规划》《黑龙江省支持生物经济高质量发展若干政策措施》等，利用资金补贴优惠等手段，大力支持生物经济发展。哈尔滨市作为黑龙江的省会，形成了以利民生物医药园区为"核心"，以天晴干细胞、博能生物、敷尔佳为代表的哈高新区生物医学工程与医美产业功能区，以善行医疗、库柏特、华大基因为代表的深哈产业园智慧医学与精准医学特色功能区为"两区"，以生命科学、医疗器械、生物农业等六个特色产业基地为承载的"一核两区六基地"的生物经济发展格局。目前，哈尔滨新区共有生物经济企业 835 家，其中规上限上企业 117 家，生物经济领域市场主体蓬勃发展。2023 年，新区生物经济实现工业总产值 118.7 亿元，实现营业收入 268.9 亿元，其中生物医药规上工业企业营业收入 70.2 亿元。生物经济发展态势良好，产业集群初具规模，经济质效显著提升。

生物加工点粮成金。黑龙江新和成生物科技有限公司作为黑龙江生物经济民营企业 20 强，其以玉米为原料，生产辅酶 Q_{10}、维生素 C、山梨醇、结晶糖、维生素 B_{12} 等高附加值产品，是全球重要的辅酶 Q_{10}、维生素 C 生产基地。从"原字号"到深加工，小小的玉米经过发酵、提取、精制等工艺，变身为氨基酸、维生素、辅酶 Q_{10} 等产品，身价翻升百倍，这就是生物技术的魔力。目前，黑龙江省玉米设计加工能力超过 3000 万吨。乘着生物技术的东风，"小玉米"在黑龙江省实现了"大变身"，从"粮头食尾"到"农头工尾"、从"原字号"到深加工的跃进，坚定了黑龙江发展生物产业的信心与恒心。此外，为增强生物育种创新动力，黑龙江还实施生物育种激励政策，制定并组织实施了重大品种研发与推广后补助政策。汇聚万千寒地资源禀赋，汇集大批生物产业基础，会合众多顶尖科研机构和专家学者，拥有天时地利人和的龙江，正立于生物经济之风口，蓄势腾飞，扶摇万里。

（三）树立冰雪经济新标杆

曾几何时，漫长的冬季严寒，影响和制约着这片土地上人们的生产生活。然而，生性乐观、笑傲冰雪的龙江人，用勤劳与智慧，在这片冰天雪地中打造一座又一座金山银山，创造一个又一个冰雪奇迹。尤其是近年来，在习近平总书记"两山"理论的科学指引下，黑龙江省走在了冰雪经济的发展前列。2023年9月，习近平总书记在黑龙江考察时强调，把发展冰雪经济作为新增长点，推动冰雪运动、冰雪文化、冰雪装备、冰雪旅游全产业链发展。为贯彻习近平总书记重要指示精神，黑龙江正在全力打造冰雪经济新标杆。

在"冰天雪地也是金山银山"理念指引下，冰雪旅游已成为重要的经济形态。黑龙江因为独特的区位优势，成为冰雪旅游度假重要目的地之一，冰雪大世界更是成为全国冰雪爱好者的聚集地、网红打卡地，这也让黑龙江省冰雪经济再创佳绩。2024年5月30日，冰雪大世界这一品牌勇夺中国品牌营销领域专业性奖项——虎啸奖金奖。黑龙江省十分注重冰雪旅游产业的宣传推荐，2024年5月28日，"你好！中国"黑龙江冰雪旅游推介会在奥克兰成功举办，备受国外冰雪爱好者关注。冰雪产品是冰雪产业效应持续释放的催化剂，占地2.3万平方米，涵盖多个主题场景和体验项目的梦幻冰雪馆如约而至。目前，冰雪大世界的四季冰雪项目全面投入运营和冰雪大世界倾力打造的《遇见·哈尔滨》江上沉浸式演艺等一起，共同推动冰雪产业效能的持续释放。

文化是经济发展的助推器，二者互为依存。黑龙江树立冰雪经济新标杆离不开冰雪文化产业的鼎力相助。目前，黑龙江积极推进冰雪文化与音乐、传统舞蹈等非物质文化遗产结合，形成具有独具特色的冰雪文化产业，如百年老街

振兴之路

中央大街的马迭尔音乐阳台演出、哈尔滨大剧院的冰雪文化汇演等，已初具规模。此外，以龙江城市文化、建筑、冰雪景观等为题材，利用传统美术、传统技艺等创作的冰雪文创产品，在冰雪旅游中也被备受好评，如冰城四季AR冰箱贴等更是一贴难求，仅上线一个月就热销16万个，极大地拉动了黑龙江冰雪经济的增长。目前，冰雪文旅融合正在不断推动黑龙江冰雪产业链的延伸，创造新的经济增长点。

冰雪装备是黑龙江省制造产业的重要组成部分，具备比较优势，起步较早，已形成以索道、造雪机等产品为主的冰雪场地装备和以冰刀、雪板等产品为主的冰雪运动器材两大制造体系。一批领军企业在国内技术领先，已具备国际合作的能力。作为龙江冰刀产品的领军企业，齐齐哈尔黑龙国际冰雪装备有限公司牵头承担的"科技冬奥"重点专项——"速度滑冰高端冰刀研制关键技术研究与示范应用"项目，被科技部正式立项，其最新研制的新型竞技用速度滑冰冰刀——"钛合金冰刀"，在材料上、结构上、人体生物力学方面都处于世界先进水平。为推动产业升级，与哈工大焊接集团共同设计研发建设了世界上首套机器人智能化冰刀生产线，年产冰刀300万副，速滑单刀及冰刀鞋实现了出口额增幅300%的销售业绩。哈尔滨鸿基索道工程有限公司在滑雪专用索道方面在国内一枝独秀，其生产的滑雪索道具有安全性高、运行速度快等特点，应用于2022北京冬季奥运会，创造了冰雪装备的新标杆，其设计生产的脱挂式抱索器架空索道也达到了世界先进水平。此外，哈尔滨乾卯雪龙体育用品有限公司产品覆盖了全国558家滑雪场，市场覆盖率达到80%，市场占有率为25%~30%，寒地试车作为黑龙江冰雪经济发展中的重要一环正蓬勃发展。以2023—2024年试车季为例，抵达黑河进行汽车测试的企业达到150多家，测试车辆2500台左右，测试人员约3200人，有力拉动了宾馆、餐饮、零售业、交通运输等服务收入的增长。

黑龙江省是我国最早开发冰雪、运营冰雪的省份，是我国现代冰雪产业的肇兴之地。得天独厚的冰雪资源孕育了冰雪运动，黑龙江省冰雪运动基础扎实，冰雪运动参与率高，这也铸就了斐然的冰雪体育成绩。北京冬奥会上 22 枚金牌中 13 枚由黑龙江籍运动员夺得。在冰雪运动产业方面，目前全国 1.1 万家冰雪运动相关企业，在黑龙江注册成立的高达 952 家，占据全国的近 1/10。黑龙江拥有哈尔滨、七台河两座"奥运冠军之城"，曾走出多位冰雪运动项目世界冠军。近年来，黑龙江持续挖掘冰雪运动消费新场景，搭建冰雪运动场馆及平台，积极发展群众性冰雪运动，做大做强冰雪运动产业。全面升级冰雪运动基础设施，积极举办高水平冰雪运动赛事活动。黑龙江在各级、各类学校全面开设冰雪课程，普及冰雪运动。同时，借 2025 年第九届亚冬会之东风，大力提升黑龙江冰雪运动影响力，探索以冰雪经济助力东北全面振兴。

（四）构筑创意设计新高地

随着新一轮技术革命和产业变革加速演进，创意设计产业已经成为极具活力和发展前景的新兴产业。黑龙江省科教资源丰富、文化底蕴深厚、应用场景广阔，特别是哈尔滨这座中西文化交融、兼具历史厚重感和现代时尚感的城市，拥有哈工大等一批拥有创新基因和创造活力的高等院校，发展创意设计产业大有可为、未来可期。

政策支撑创意设计新高地。黑龙江省政府制定印发了《黑龙江省创意设计产业发展专项规划（2022—2030 年）》，并配套出台了《黑龙江省支持创意设计产业发展若干政策措施》，引导和支持黑龙江省创意设计产业加快发展。日前揭牌的哈尔滨新区创意设计产业园已进驻完成注册企业 43 家，为企业提供从产品设计到宣传推广全流程设计服务。同时，产业园整合哈尔滨市品牌企业发展指导中心、黑龙江省公益广告创新研究基地、黑龙江省大学生就业实习实训基地等平台资源，发起成立广告人商学院；与哈工大、哈工程等 15 家院校建立政校

振兴之路

企合作；与东北林业大学、东北农业大学、哈师大等12所院校签订了实习实训基地协议；与哈师大建立研究生工作站，目前，已举办各类高校和企业培训27场，培训人员1100余人。在大庆数字创意产业园里，全方位的三维沉浸影像、立体环绕的背景音乐、27台高清投影构成的CAVE沉浸式空间让观众仿佛置身奇幻世界。园区内的思特传媒科技有限公司从2010年成立时的4人创业团队到如今拥有近200员工的中小企业，已发展为中国数字新媒体研发和应用领域的头部企业。在推动"黑龙江制造"向"黑龙江创意"发展转变的过程中，哈尔滨创意设计中心和大庆数字创意产业园是两台有力的引擎，它们聚焦全球设计创新领域的新模式、新业态、新技术、新材料，让创意设计作为城市重要驱动力量，为黑龙江构筑创意设计新高地提供有力支撑。

人才支撑创意设计新高地。日前，黑龙江省出台《教育赋能创意设计产业高质量发展实施方案》，以教育赋能创意设计产业高质量发展，推动教育链、人才链与产业链、创新链有机衔接，着力培养创意设计产业所需高素质人才。目前，黑龙江省有12所高校依托设计学、戏剧与影视学、美术学、艺术学、城乡规划学、风景园林学、机械工程、计算机科学技术和教育学等学科，开展70个创意设计相关方向研究。其中，有34所高校开设了创意设计相关专业，包括哈尔滨工业大学建筑学、哈尔滨工程大学工业设计、齐齐哈尔大学服装与服饰设计等22个国家级一流建设专业，以及东北林业大学环境设计、哈尔滨学院摄影、东北农业大学风景园林等30个省级一流建设专业。2020—2023年新增创意设计类专业8846人，每年向社会输送大量专业人才。目前，黑龙江高校拥有创意设计类科技创新平台、产教融合平台、重点实验室近300个，在创意设计方面已形成近千项成果，其中重要成果128项。

技术赋能创意设计新高地。黑龙江省在5G、区块链、大数据、云计算、人工智能、VR等数字技术领域加大研发投入，促进其在文创产业领域的技术转化，让文化创意产业向纵深化进阶。同时，支持新引进的文化旅游企业运用动漫游戏、网络文学、数字艺术、网络视听等产业新形态为企业文创带来多方资本，完成文化创意产业的升级与改造。更重要的是，黑龙江省省内不断为新经济业态创造发展大舞台，其中包括旅游直播带货、云展览及全息互动投影等沉浸体验类产品，丰富了大众的体验方式，提高了产业品质。在哈工大建筑学院内，一件件建筑设计模型、一个个创意设计作品让人眼前一亮。走进数字创新设计中心全方位虚拟动态构建实验室、大空间VR（虚拟现实）多人交互实验室、智能交互视觉创意实验室，更是让人耳目一新。2023年5月，2023世界元宇宙生态大会在广州广交会展馆举行，虚拟现实数字技术研究院（哈尔滨）有限公司携"VR湿地展示系统"惊艳亮相，并获得了"优秀数字文旅项目奖"。该系统承载了黑龙江省七星河湿地概况、数字动物志、数字鱼类志、数字鸟类志、数字植物志等内容，能够以数字化手段激发文旅消费潜能。可以说，从赋能千行百业到走进千家万户，创意设计在"数智"技术的赋能下，不断催生新应用场景。"市场无限，创意无限，黑龙江未来发展一定大有可为！"

苍原莽莽，黑土悠悠，千万年累积的资源禀赋让黑龙江省深沉而磅礴。机器隆隆，稻浪滚滚，担当新中国建设与发展重任的历程，让"共和国长子"内敛且务实。进入新兴产业异军突起、新经济增长极一路高歌的发展新时代，黑龙江省迎接挑战、转型振兴的步伐格外坚实有力。

党的十八大以来，黑龙江省作为东北老工业基地，在去除过剩产能和推动产业结构转型升级中取得了显著成绩，但在步入经济转型的深水区时也面临着诸多困境。必须大力培育新经济引擎，在推动经济高质量发展和现代化强省建设中跑出产业振兴加速度。

数字经济创新领跑、生物经济抢占高地、冰雪经济火爆"出圈"、创意设计释放动能，布局四大经济、激活振兴新引擎。黑龙江抢抓机遇做大做强做优数字经济，赋能传统产业转型升级，催生新产业、新业态、新模式，大力推进"数字龙江"建设。华为和腾讯等数字经济头部企业与黑龙江省政府签署深化战略合作协议。华为鲲鹏创新中心、昇腾人工智能计算中心、百度人工智能产业基地等多个项目在黑龙江加速落地。黑龙江正着力补齐数字产业化短板，围绕培育壮大龙江数字产品制造业，确定了建设集成电路、传感器等10条数字产品制造产业链。同时，黑龙江整合创新资源，为企业提供优质服务，推动政策向数字经济倾斜、要素向数字经济集聚、技术向数字经济外溢，构建数字经济发展新生态。黑龙江省农业生物质资源居全国第一，年产秸秆约9000万吨，是全国最大的生物发酵氨基酸和生物质燃料乙醇生产基地，汇集中国农业科学院哈尔滨兽医研究所等一批生物技术领域前沿科研机构和哈药集团等骨干企业。"十四五"时期，黑龙江省把生物经济作为战略性主导产业，将打造生物医药千亿级和生物制造、生物农业、生物能源、生物服务等产值规模超百亿元、产业链齐全、配套完善的生物产业集群。预计到2025年，全省生物经济总规模将达到4200亿元以上。绽放冰雪激情，掘金冰雪经济。当前正是作为冰雪经济发展的黄金期，也是提档升级机遇期。黑龙江省在不断拓展上下游产业，推动产品从无到有、从有到优，乘势而上，探索建设"冰天雪地也是金山银山"先行区和后冬奥国际化冰雪经济示范区，着力打造"冰天雪地也是金山银山"实践地。为赋能产业转型和振兴发展，黑龙江把创意设计作为重要的新兴产业来抓，明确以创意设计赋能绿色食品、冰雪运动休闲产品、工艺美术、陶瓷、高端装备及云展演等10个重点领域，积极构筑创意设计新高地。

击鼓催征，踔厉奋发。站在新的历史起点，亘古黑土地，昔日北大荒，茫茫大雪原，正在焕发出勃勃生机，以"跳起摸高"的进取心和只争朝夕的紧迫感，迈向孕育无限精彩的光明未来。

三、推动传统优势产业转型升级

东北地区老工业基地是新中国工业的摇篮，这里诞生了新中国第一炉钢水、第一架喷气式飞机、第一辆汽车。在东北，一批关系国民经济命脉的战略产业和骨干企业，为我国形成独立完整的工业体系和国民经济体系，作出了重大历史性贡献。党的十八大以来，东北依托"新中国工业摇篮"的厚实基础，改造升级"老字号"，深度开发"原字号"，培育壮大"新字号"，推动老工业基地焕发新活力。

2024年全国两会期间，习近平总书记在参加江苏代表团审议时强调，"发展新质生产力不是要忽视、放弃传统产业"，要"以科技创新为引领，统筹推进传统产业升级、新兴产业壮大、未来产业培育"。"不忽视、不放弃"传递出习近平总书记对于传统产业的关注和重视，"统筹推进"则点明了传统产业与新兴产业间"守"与"创"的辩证发展思路。

传统工业是黑龙江经济发展的重要根基。这里集聚着中国一重、哈电集团、大庆油田等一批重要的大型老牌国有企业和行业龙头企业，这些企业出色完成了国家众多重点工程和研发任务，具有较强的原始创新能力。如今，通过5G、人工智能等新技术的赋能，全面加快了产业的转型升级，焕发新的生机活力。

振兴之路

（一）装备制造以"智"致远

黑龙江省作为国家最早建成的重要装备工业基地，经过75年的发展，已形成了以电力装备、航空装备、轨道交通运输装备、机器人、重型数控机床、海工装备等产品为主的高端装备制造产业，铸就的一批批事关国脉国运、关系民族盛衰的"大国重器"，有力维护了国家产业安全。如今，"大象也能跳街舞"，借助数字化、智慧化的浪潮，老工业基地正"舞"出别样的风采。

哈尔滨电机厂是新中国成立后建设的第一个发电设备制造基地，70多年时间里，承担了多个大型水电、火电项目发电机组的生产制造任务，举世瞩目的三峡水电站和白鹤滩水电站等重大项目的发电机组就诞生在这里。如今，这里正在进行一场数字化、智慧化变革。一台60多岁高龄的9米的立式车床刚刚装上了时下工业生产中非常"流行"的制造执行系统——MES系统，这台功勋设备加上了"新大脑"，焕发出新的制造能力。

2019年，企业引进了新设备。车床上正在加工的工件是抽水蓄能项目上的关键部件，像这样结构复杂的零件，如果使用之前的老旧设备加工，至少需要更换两三台不同的加工设备，半个月以上才能完成加工。而这台新型设备则可以不挪动工件就完成所有加工工序，工期也可以缩短到7~10天。各个部门的智能优化改造也在持续进行。冲剪分厂正在生产发电机定子铁芯冲片，1台百万千瓦发电机的定子铁芯，需要30多万片仅有零点几毫米薄的冲片堆叠而成，4台飞速运转的机械手臂让生产效率提高了一倍。在冷作分厂焊接工作居多，以往要想了解生产进度，得到现场看过才能知道。而现在，有了数字化管理平台，打开电脑就能看到整个冷作分厂的生产情况，每一个焊接工人的工作情况和焊材用量都一览无遗，加工效率提升了一倍。

当前，黑龙江省拥有国家防爆电机工程技术研究中心等7个国家级研发平台和71个省级研发平台，拥有中国工程院院士6名。哈工大机器人技术与系统全国重点实验室是我国最早开展机器人技术研究的单位之一。哈工程研制了我国首套船用惯性导航系统、首套陀螺单轴稳定器、首套船用平台罗经，极地探测无人潜器（AUV）突破国外技术垄断。七〇三所拥有先进船舶发动机技术全国重点实验室、先进国家能源燃气轮机技术研发（实验）中心、海洋工程燃气轮机实验室等研发平台，绿色低碳燃气轮机技术处于国内领先、国际先进水平。中国一重成功研制世界最大异形加氢筒体锻件，创造了世界异形加氢筒类锻件单体重量、直径及壁厚均最大的三项纪录。截至2022年底，全省共有高端装备产业规上企业555家，实现营业收入940.5亿元。黑龙江形成了智能机器人、先进发电装备、重型成套装备、高档重型数控机床、特种轨道交通装备和高端石油石化装备、节能环保装备、海工装备、冰雪装备、森工装备的"五大五小"协调联动发展的格局。哈电集团等发电设备"老字号"企业创造了我国水轮发电机组、火电机组、主泵电机等发电设备200多项第一。七〇三所中小型燃气轮机国内市场占有率达到40%。以中车齐车集团为首的铁路货车企业生产能力亚洲第一，世界第三。齐重数控装备股份有限公司的重型立、卧式车床为中国第一品牌。齐二机床创造了我国第一台重型落地铣镗床、第一台数控多工位压力机、第一台高端宽幅铝材生产线。哈尔滨博实自动化股份有限公司是世界上唯一具备大系统成套能力的人工合成橡胶后处理成套设备供应商，自主创新研发的智能（高温）炉前作业机器人在电石出炉领域处于世界领先地位。

近年来，黑龙江累计培育省级智能工厂14个、数字化车间265个。这些企业数字化转型升级后，生产效率提高20%以上，生产成本降低20%~30%，产品研发周期缩短30%以上。数字化、智能化转型，正给传统老工业基地带来新的生机和活力。

（二）能源石化全"链"升级

黑龙江省富有石油、天然气、煤炭等矿产资源。现已发现各类矿产 135 种，其中探明资源储量的 84 种，储量居全国前 10 位的矿产有 42 种之多。[①] 优越的资源禀赋，赋予了龙江维护好国家能源安全的十足底气，也为龙江高质量发展提供了有利的要素条件。

当前，黑龙江能源领域拥有中国工程院院士 2 名，2 个国家级研发平台和 29 个省级研发平台。大庆油田有限责任公司开展"三元复合驱大幅度提高原油采收率技术及工业化应用"，支撑油田在含水率达到 98% 的极限开采条件下，主力油田采收率突破 60%，较国外同类油田采收率高出 27%。黑龙江龙煤矿业集团开展"薄煤层综采工作面智能开采关键技术攻关与示范工程"，可实现煤炭年产量增加 18% 以上。

大庆油田探明石油地质储量 67 亿吨，大庆陆相页岩油资源量 151 亿吨。页岩油资源规模巨大，是发展新质生产力的新领域、新战场。大庆油田突出页岩油勘探，大打油气勘探进攻仗，多口页岩油勘探井获高产油气流，证实了大庆油田颠覆传统找油理论、攻关形成的"四项革命性认识"的科学性，实现了从陆相页岩生油到陆相页岩产油的创新突破，将从根本上改变老油田储采失衡的现状，对于建设百年油田和引领我国陆相页岩油革命，具有十分重大的意义。在技术创新上，通过发展适合古龙页岩的水平井大规模"复合体积压裂"技术，取得了良好效果。开发先导试验水平井组钻探中，1205 钻井队 68 年来，首次使用数字化、智能化 70DB 钻机，施工效率领跑同平台钻井队伍；井下作业分公司

[①] 孙铭阳：《发挥"五大优势"建好建强"三基地一屏障一高地"系列报道之八　建强重要能源和原材料基地》，《黑龙江日报》2023 年 10 月 4 日。

设立最高效、最系统的"压裂工厂",集中"火力"全方位保障页岩油压裂。目前,已完成3口直井压裂施工,整体施工按计划有序推进。

60多年前,松辽盆地这片沃土上开始了一场轰轰烈烈的石油大会战,中国石油工业由此进入了波澜壮阔的新纪元。如今,页岩油新会战全面打响,大庆油田正进一步解放思想,增强创新意识、市场意识,加大勘探评价部署及开发试验,配套新体制新机制,构建以"系统化组织、市场化运行、工厂化作业、智能化管控"为核心的全生命周期管理体系,尽快建成国家级陆相页岩油开发示范区,为当好标杆旗帜、建设百年油田奠定资源基础。

在化工产业领域,黑龙江拥有7个省级研发平台,是国内知名的石化装备制造基地,油水分离装置、三元复合驱成套设备等产品质量已达国际先进水平。肇东星湖科技与清华大学合作研发的用酶制剂生产"I+G"技术世界领先。黑龙江还拥有石油、天然气、基本有机化工原料、合成树脂、合成橡胶、合成纤维、化肥、农药等相对完整的生产体系。截至2023年底,黑龙江拥有18个省级化工园区,412家规模以上化工企业。大庆石化、大庆炼化、哈尔滨石化等企业营业收入突破百亿元。

走进中国石油天然气股份有限公司大庆石化分公司(以下简称大庆石化),错综复杂的管网密布,高大的烟囱、罐体林立,一辆辆油罐车在厂区不远处的铁路线上停靠。大庆石化展厅的大屏幕上,经营数据在不断更新:60多年来,大庆石化累计加工原油3.04亿吨,生产汽油5658万吨、柴油9998万吨、煤油1340万吨、乙烯2276万吨、尿素2386万吨……营业收入累计超万亿元,上缴利税1320多亿元。多年来,大庆油田产油、大庆石化炼油,成为大庆推进"油头化尾"产业集群发展、建设国家级石化产业基地的生动写照。如今,大庆石化已实现"千万吨炼油、百万吨乙烯"规模,各类化工产品推陈出新,企业发展势头强劲,正朝着建设具有行业竞争力的一流炼化企业的目标迈进。

振兴之路

作为一家有着 60 多年发展历史的企业，大庆石化为国家经济社会发展作出了重要贡献。公司现有生产装置 171 套，可生产 64 个品种 502 个牌号产品，包括乙烯、尿素、聚乙烯、聚丙烯、丙烯腈、腈纶丝等。近年来，大庆石化相继建成"大乙烯""大炼油"两个国家级重点项目，跻身千万吨级炼化一体化企业行列，逐渐形成"油头化尾、油化相宜"的生产格局，全力推进炼油转型和化工产品升级。

ABS 树脂是丙烯腈 – 丁二烯 – 苯乙烯的三元共聚物，是一种强度高、韧性好、易于加工的热塑性高分子材料，主要用于工程材料和家庭生活用品。大庆石化新建的 20 万吨 / 年 ABS 装置，是企业高质量发展的重点项目。该项目于 2022 年 4 月开工建设，计划每年可生产 10 万吨 ABS 通用料和 10 万吨 ABS 专用料，使大庆石化 ABS 产品生产能力由 10 万吨增加至 30 万吨。装置建成后，将充分发挥 ABS 的技术特色和产品优势，增强中国石油 ABS 产品竞争力。

无论是企业转型发展，还是产品升级，都离不开安全生产。为保证安全稳定运行，大庆石化装配了"智慧大脑"，24 小时记录、监控装置运行数据，发生异常情况能立即响应报警。走进大庆石化的"智慧大脑"——化工区生产指挥中心，首先映入眼帘的是一块巨大的电子屏幕，工艺参数监视、装置区视频监控、机组状态检测、DCS（分散控制系统）操作等一目了然，屏幕下方，上百台控制电脑正在飞速运行。大庆石化将以数字化、可视化、自动化、智能化为方向，深度融合物联网、大数据等新兴技术，发挥生产运行最强"大脑"作用，努力打造智慧型化工厂，促进企业更加安全高效运转。

（三）食品产业点"绿"成金

黑龙江地处世界三大黑土带之一的松嫩平原腹地，农业资源丰富，是国家重要的商品粮基地和畜牧业基地现有耕地2亿多亩，耕层深厚，土质肥沃，每年的平均化肥、农药使用量仅为全国平均水平的1/3和1/7；生态环境优越，森林覆盖率45.7%，茫茫林海中的食用菌、山野菜、野生浆果等山特产品储量丰富。这里地广人稀，农业开发晚，土壤肥沃且没有化学污染，是世界上少有的一块净土，具有发展绿色食品产业得天独厚的优势和条件，是天然的绿色食品"摇篮"。黑龙江将充分发挥寒地黑土、绿色有机资源优势，精心打造优质农业品牌"黑土优品"，使品牌成为质量、绿色、安全、信誉的标志，持续提升黑龙江优质农产品的市场影响力、竞争力和品牌附加值，让绿色龙江"黑土优品"家喻户晓，让龙江味道香飘世界！

黑土优品（黑龙江省供销合作社联合社 供图）

当前，黑龙江省拥有国家大豆工程技术研究中心等3个国家级研发平台和30个省级研发平台。东北农业大学在20世纪80年代就建立起中国乳品科技方面的第一个博士点。拥有飞鹤乳业、完达山乳业等一大批创新领军企业。飞鹤乳业突破了乳铁蛋白生产关键技术，建立了国内第一条乳铁蛋白自动化生产线，解决了国产婴配粉关键原材料的自主供应。全省玉米淀粉产量居全国第2位，赖氨酸产量居全国第1位，苏氨酸产量居全国第2位，玉米酒精产量居全国第1位。截至2022年底，全省食品工业规上营业收入2823.7亿元。蒙牛集团中俄跨境农牧业产业百亿集群项目、北大荒（绥芬河）俄粮储备加工项目建成落地。

多年来，大米市场流行一句话——"五常大米甲天下，天下大米假五常"。面对如此现实，乔府大院坚持以高品质铸就品牌，在五常建设40万亩水稻种植基地，覆盖五常大米核心产区的60%。同时，乔府大院制定了"生态、欧盟有机、有机、绿色"4个种植标准，从搭建稻米全产业链入手，建立8个环节99道工序的标准化体系。围绕"标准"二字，乔府大院的产业链做到了全程闭环式管理，同时开创了"五重锁鲜"技术，满足了国内对营养大米的市场需求。但高科技的现代工艺大部分锁定在加工环节，为了最大限度保证大米品质不降低，乔府大院要求在水稻生产环节剔除机械化操作，插秧、除草、收割等环节都靠人工操作。

目前，黑龙江省培育了以五常市、庆安县为代表的一大批绿色食品水稻优势产区，乔府大院、东禾金谷等大米品牌畅销国内外市场。除了大米，大豆、鲜食玉米、杂粮、中药材、食用菌、乳品、高端肉、大鹅、冷水鱼等各品类都有鲜明的特色产品，产业优势突出、产品质量可靠。"绿色食品"已经成为黑龙江省最亮丽的农业名片。

盛夏时节，百万只白鹅在依安县的草甸、河滩嬉戏追逐，欢快鸣叫。追溯千年的养鹅历史，天然弱碱性水源，优质的放牧草场，成为"中国白鹅之乡"依安的成长秘籍。近年来，依安县坚持生态发展理念，深挖优势资源，拓展发展空间，建设国家级白鹅特色产业集群项目。全县突出打造"依安大鹅"国家地理标志产品品牌，形成了种、繁、养、加、销全产业链发展格局。2022年全县鹅饲养量达300万只以上，出栏约260万只，全产业链产值实现

10亿元。虎林市被称为"蜂业基地""蜂蜜之乡",这里土地辽阔、森林茂密,蜜源植物丰富。在标准化养蜂基地,大大小小的蜂箱错落有致地摆放在青山绿水间,半透明琥珀色的蜂蜜气味芬芳、醇厚甘甜,结晶后,蜂蜜形似奶酪、色如白雪。

近几年,像依安县和虎林市一样,龙江大地上被甄选出的地标农产品明星不断涌现:五常大米、海伦大豆、绥化鲜食玉米、东宁黑木耳、兴凯湖大白鱼、宾西肉牛、伊春蓝莓等几十个具备地方特色的产业正在提档升级,同时引领发展的北大荒、飞鹤、九三、完达山、金谷农场等上百个企业成为推动龙江农业品牌发展的主力军,带动了地方产业高质量发展。

中国品牌建设促进会发布的2022中国品牌价值评价信息显示,黑龙江省13个地理标志农产品区域品牌价值评价总额达1879.93亿元,有7个超过100亿元。2022年世界品牌大会发布"中国500最具价值品牌",黑龙江省的北大荒、飞鹤、九三、完达山等14个品牌入选,品牌总价值4732.28亿元。

黑龙江省正视传统产业存在的低端产能过剩、高端供给不足、产业基础不牢、创新能力薄弱等问题,坚持把发展新质生产力作为摆脱传统经济增长方式的有效路径,持续走深度转型升级之路,靠技术创新、要素创新,催生出传统产业的新质生产力,重塑产业竞争新优势。

坚持向高端化迈进。推动传统产业优势领域锻长板,强链延链补链,系统布局重点领域关键核心技术攻关。着力构建以企业为主体、产学研用高效协同深度融合的创新体系,以科技创新推动产业创新,催生新产业、新模式、新动能,发展新质生产力。

坚持用好智能化手段。把握数字化、网络化、智能化方向,利用数字技术对传统产业进行全方位、全链条改造,推动产业数字化和数字产业化发展。充分发挥各行业领军企业带动作用,促进大中小企业协同合作,搭建开放平台,建设数字基础设施,降低中小企业智能化转型成本。

振兴之路

坚持推进绿色化转型。新质生产力本身就是绿色生产力，能加快传统产业产品结构、用能结构、原料结构优化调整和工艺流程再造。要遴选推广成熟度高、经济性好、绿色成效显著的关键共性技术，推动企业、园区、重点行业全面实施新一轮绿色低碳技术改造升级，形成传统产业形成集群化、差异化的绿色低碳转型新格局。

四、壮大战略性新兴产业未来产业

新一轮科技革命与产业变革的浪潮席卷而来，前沿技术如人工智能、大数据、生物技术、量子信息等迅猛发展，这些技术不仅催生了众多新产业、新模式和新业态，更为全球经济发展和人类社会的全面进步注入了强劲动力。2023年9月，习近平总书记在黑龙江考察调研时指出，"要以科技创新引领产业全面振兴""整合科技创新资源，引领发展战略性新兴产业和未来产业，加快形成新质生产力"。近年来，黑龙江省深入实施创新驱动发展战略，推动战略性新兴产业和未来产业发展取得积极成效。截至2023年，黑龙江省高技术制造业增加值同比增长12.3%，高于全国9.6个百分点，电子信息、高端智能农机装备产值分别增长11.7%、14.1%。哈飞先进中型多用途直升机研发制造等23个航空航天重点项目完成年度投资38.9亿元，哈工大航天高端装备未来产业科技园成为国家首批、东北唯一试点。

谁抓住先机，谁就能掌握未来。当前，黑龙江省正全力打造发展新质生产力的新兴产业和未来产业基地，壮大新能源、新材料、先进制造、电子信息等战略性新兴产业规模，开辟生命科学、人工智能等未来产业新赛道，持续推进生产力现代化、新质化。那么，黑龙江是如何在东北全面振兴中塑造发展新动能和新优势，开创高质量发展新局面的呢？让我们一同探寻人工智能、新材料和航空航天等代表性产业向"新"而行的旅程，以寻找答案。

振兴之路

（一）人工智能步入"快车道"

习近平总书记强调，"我国经济已由高速增长阶段转向高质量发展阶段，正处在转变发展方式、优化经济结构、转换增长动力的攻关期，迫切需要新一代人工智能等重大创新添薪续力"[1]。人工智能是研究开发能够模拟、延伸和扩展人类智能的理论、方法、技术及应用系统的一门新的技术科学。加快人工智能技术的发展和应用不仅有利于黑龙江抢抓新一轮人工智能发展机遇，更是塑造高质量发展新动能的战略抓手。

基础研究是人工智能产业发展的根本。黑龙江省加强创新资源整合，全面提升科技创新策源功能。哈工大在人工智能研究领域起步早、涉足深、特色鲜明，其在国内人工智能领域的贡献和地位举足轻重。哈工大早在1958年就成功研制出了中国第一台"能说话、会下棋"的数字计算机，这一成果在当时的科技界就引起了广泛关注。经过几十年的不懈探索和努力，哈工大的人工智能学科已经形成了以"声、图、文"为核心的鲜明特色，并在自然语言处理、计算机视觉、智能控制、机器人等多个领域形成了比较完善的技术体系。这些技术体系的建立，为哈工大在人工智能领域的教学、科研和产业发展提供了强有力的支撑。

2022年11月30日，美国人工智能研究实验室OpenAI推出一种人工智能技术驱动的自然语言处理工具——ChatGPT。在这样的背景下，哈工大人工智能科研团队决心打造具有自身特色的中文对话大模型。面对资料稀少、基础薄弱、时间紧迫等一系列困难，哈工大团队从零开始，逐条摸索，最终在2周内

---

[1] 《加强领导做好规划明确任务夯实基础推动我国第一代人工智能健康发展》，《人民日报》2018年11月1日。

迅速整理形成国内第一本对大模型技术进行系统介绍的《ChatGPT调研报告》，被业界亲切地称为"蓝宝书"。2023年2月，哈工大科研团队开始投入开展大型语言模型研发工作，他们相继突破算力困难、数据获取问题，在借鉴OpenAI设计理念的基础上，创新性地开发了自己的SFT格式，增强角色多样性并强化了系统提示的遵循性。他们给这个对话大模型取名为"活字"，"活字"大语言模型的推出是哈工大自然语言处理研究所在自然语言处理领域的最新努力成果，有助于推动人工智能技术的基础研究和应用。

基础研究的产业化是科技创新的主要方向，也是以科技创新引领产业振兴的关键着力点。近年来，黑龙江省大力加强人工智能领域"政产学研用"全方位合作，联合开展通用人工智能及行业应用技术攻关。

一方面，构建人工智能多元应用场景，"人工智能+农业""人工智能+工业""人工智能+医疗"等新模式层出不穷。2024年3月，由哈工大牵头的黑龙江省智能机器人产学研用联盟成立，康多机器人就是龙江智能机器人产业高科技成果就地转化的典型代表。从北京、湖南到海南，跨越山海的异地手术时延会有多久？哈尔滨思哲睿智能医疗设备股份有限公司核心产品康多机器人给出了答案：2023年11月，全国首例三控制台三地互联手术在北京、湖南、海南同时进行，三地手术团队通过3台康多机器人为一名海南患者实施手术，医生操作信号传输到患者端的时延仅为0.03秒。人工智能、虚拟现实、混合现实等前沿技术相融合，实现了术中智能导航。历经2个小时，这场相隔3000千米的跨海远程手术，克服了浪涌、温度、天气等环境因素，一气呵成，创造了我国泌尿外科机器人远程手术领域的全新里程碑。

另一方面，人工智能产业发展也离不开政府政策保障和体制机制创新。对政府而言，如何破解科技和产业"两张皮"问题，解决企业与高校科研团队之间的信息不对称一直是个难题。黑龙江省科技厅基于人工智能技术，创新推出"基于人工智能的科技成果与企业需求对接系统（试运行）"。该系统采集近100

振兴之路

万条数据，汇集了省内科技创新发展和产业突破上急需的技术成果和科研项目，通过产学研深度融合的信息供给体系，与关键产业的科技需求高效链接。如今，打开黑龙江省科技厅网站，即使不登录，以游客身份在 AI 智能助手的帮助下，也能对省内各行业领域的科研项目了如指掌。该系统已帮助哈尔滨新区 50 余家重点企业和 30 余个科研团队实现精准对接，未来通过人工智能技术、检索增强技术，该系统可实现找成果、找专利、找企业、找人才等多项功能。持续提升科技成果转化落地效率，推动创新链和产业链双向融合，为龙江产业转型和创新发展提供重要支撑。

发展新质生产力也离不开现代化基础设施体系的强力支撑。黑龙江省坚持新型基础设施建设和产业生态建设"两手抓"。2024 年 5 月，黑龙江移动建设的 100P 人工智能算力中心正式交付，这是当前黑龙江境内已经达产交付使用的最大规模的智算中心，进一步提升黑龙江数据中心智能算力供给能力，引领人工智能产业上下游发展。同时，全力招引人工智能重大投资项目和头部企业，构建人工智能产业发展集群。华为、中兴、百度等国内数字经济龙头企业先后在龙江建设产业基地，博实自动化、惠达科技、思灵机器人、乐聚机器人等一批行业领军的人工智能企业充分发挥其核心引擎功能和辐射带动作用，推动产业链上下游企业协同发展，助力龙江人工智能产业驶入"快车道"。

（二）新材料凸显"新优势"

新材料产业是支撑我国经济发展和产业结构转型升级的基础性、先导性、战略性产业，也是黑龙江省产业振兴发展的主要支撑板块。黑龙江省立足优势矿产资源、产业基础和科研优势，着力攻关一批新材料尖端技术和产品，实施一批重大工程和项目，推进新材料产业转型升级，实现高质量发展。

作为全国较早从事新材料开发的省份，黑龙江省在发展新材料方面具有三大基础优势。一是具有丰富的资源优势。黑龙江省是矿产资源大省,现已查明晶质石墨储量3.36亿吨,岩棉用玄武岩储量7274万吨,均居全国第1位;钼金属储量286万吨,居全国第3位;铜金属储量421万吨;铁矿石储量4.89亿吨。二是具有较强的科技研发优势。哈工大在航空航天新材料领域居领先地位,哈工程在船舶和核电新材料等领域有较强优势。哈尔滨玻璃钢研究院有限公司、省科学院石油化学研究院、大庆化工研究中心等一批科研机构在复合材料、化工材料等领域具有较强科研实力。目前,黑龙江在新材料研发领域拥有国家和省级技术创新中心、重点实验室等平台45个,在碳纤维、陶瓷基复合材料、石墨新材料、轻质高强铝基复合材料、轻质耐热钛基复合材料等领域具备较强的科技攻关能力。三是拥有一定的产业基础。黑龙江省材料产业在工业体系中占有重要地位,截至2022年底,全省共有新材料产业规上企业301户,实现主营业务收入672.4亿元。东北轻合金有限责任公司是中国第一个铝镁合金加工企业,为"神舟"系列飞船和"嫦娥一号"等重点工程提供了大量轻合金材料。哈尔滨同创普润集团有限公司生产的6N铝、5N钛、6N铜、5N锰等超高纯金属是制造芯片内部配线的关键材料,填补了国内空白,对打破美国限制我国集成电路发展具有重要战略意义。

除发挥比较优势以外,黑龙江省着力打造高端新材料产品,聚焦石墨烯、高性能铝合金、半导体材料、高性能复合材料等领域,着力增品种、提品质、创品牌,推动产品迈向中高端。石墨是黑龙江省优势矿产,具有润滑性、易导电、耐高温等特点,是高新技术发展必不可少的矿产资源。黑龙江省鸡西市是世界上最大的优质鳞片石墨蕴藏区之一,已探明资源储量9.76亿吨,远景储量20亿吨以上,被中国矿业联合会授予"中国石墨之都"称号。鸡西市牵头组建了国家级石墨产业技术创新战略联盟,中国北方唯——家国家石墨产品质量监督检验中心(黑龙江)、全国非金属矿产品及制品标准化技术委员会鳞片石墨分技术委员会相继落户鸡西。

振兴之路

石墨烯工业化生产线（郭俊峰 摄）

鸡西市打出促进产品产业链升级、推动科技成果转化、培育关键技术人才等政策"组合拳"，石墨产业链不断延伸。形成了绿色智能采选、耐火材料、蓄能材料、膨胀石墨材料、超硬材料、特种石墨材料、石墨烯材料、尾矿综合利用、石墨机械设备等9个产业链条。2023年，全市石墨碳材料产值达到60.6亿元。为了招引石墨加工企业落地，鸡西市规划建设了总面积达17.1平方千米的石墨产业园区。目前，鸡西市有石墨生产企业66户，其中规模以上企业34户，深加工企业占比80%。[①] 全市初步形成了蓄能材料、密封材料、超硬材料、传导材料、石墨烯材料、耐火材料、尾矿综合利用和石墨机械制造8个产业链条，一座"中国石墨之都"正在黑土地上崛起。

围绕助力黑龙江省新材料产业不断焕发出"新优势"，由工业和信息化部、

---

① 《鸡西　打造百亿级石墨产业集群》，《黑龙江日报》2023年9月3日。

92

黑龙江省人民政府共同主办的第六届中国国际新材料产业博览会在哈尔滨国际会展体育中心成功举办。新博会作为我国新材料领域唯一的国家级展会，已在哈尔滨成功举办了五届，成为全国乃至全球新材料领域最专业、最权威的行业盛会，也是龙江扩大对外开放、加强国际交流合作的重要平台。在尽显专业范、国际范的第六届"新博会"上，会聚了新材料领域世界500强企业、上市公司以及相关头部企业和机构代表超过1000人，新材料领域国内外院士超过40人、大学和院所领军专家学者超过200人。参展参赛创新展品和成果突破2000个，涵盖大飞机、高铁、新能源汽车为代表的应用场景和与日常生活相关的方方面面。借助第六届新博会契机，黑龙江省组织开展龙粤合作、江浙沪地区招商推介，全年签约新材料产业项目129个，签约额763.4亿元，项目总投资113.9亿元。

近年来，黑龙江省将新材料产业作为构建"4567"现代化产业体系的重要内容加力推进，明确提出要着力培育新材料等5个战略性新兴产业。为此，黑龙江省制定了发展规划和系列政策措施，成立产业促进专班，举全省之力予以推动。产业巨头纷纷落子龙江，催生了一批优质产业项目，为黑龙江新材料产值迈上千亿元台阶奠定了坚实基础。

（三）航空航天擘画"新蓝图"

习近平总书记强调，"要发挥创新驱动作用，推动产业向高端化、绿色化、智能化、融合化方向发展"[1]。处于全面振兴、爬坡过坎关键期的老工业基地黑龙江，正在加速建设全国重要的航空航天产业集群和产业基地，推动现代化产业

---

[1]《习近平在宁夏考察时强调　决胜全面建成小康社会　决胜脱贫攻坚　继续建设经济繁荣民族团结环境优美人民富裕的美丽新宁夏》，《人民日报》2020年6月11日。

体系建设实现新突破。

黑龙江省航空工业起步较早，拥有航空工业哈飞、中国航发东安这样的大型龙头企业。为了让航空产业链龙头劲舞，省、市、区三级政府全力补因上游企业数量偏少、采购成本偏高的短板，多次搭台举办供应商大会、产业链上下游企业对接会。现在，滕迈航空、广联航空、安宇迪航空等一批对外协作配套企业已经开花结果。哈尔滨经济开发区（以下简称"哈经开区"）正加快培育航空航天产业新质生产力，构建国家级航空装备创新产业集群，推动航空产业向"千亿级"迈进。

1. 坚持"小核心、大协作"，做强龙头壮大链条

航空产业具有产业链长、科技含量高、创新要素集中等特点，是黑龙江省重点打造的支柱产业。哈经开区以区厂共建、军民融合发展为抓手，持续发挥中航哈飞、航发东安两大央企溢出效应，持续推动主机厂进行"小核心、大协作"等集群发展模式，大力培育航空产业专业化配套企业，推动产业链条加速壮大完善。中航哈飞是国内唯一同时具备直升机和固定翼机设计研发制造能力的企业，航发东安是国内最大的国产全系列直升机传动系统、发动机动力系统专业化研制生产基地。目前，中航哈飞、航发东安主机厂自主可控配套产品生产任务在区域本地外协配套率已达到 90% 以上。按照航空产业"一核、一带、一环多点"布局谋划，哈经开区已形成以中航哈飞、航发东安为核心，哈飞工业、东安实业、广联航空、鑫华航空等一大批配套企业集群式发展的格局。2023 年全区现有航空产业规上工业企业 35 户，航空产业工业总产值已突破 500 亿元，同比增长 30% 以上，具备打造千亿级产业集群的基础实力。

2. 用好科技创新"增量器"，推动产业转型升级

哈经开区立足现有雄厚的产业基础和优势，以科技创新这个"关键变量"

撬动"强劲增量"，加快推动传统制造业转型升级，为区域航空产业高质量发展增添不竭动力。2023年，中航哈飞全新研制的AC332直升机首飞成功、Y12F运输机取得欧洲EASA适航许可证；航发东安合作研制的涡轴-16发动机正式交付，作为中国首款可用于7吨级双发直升机的涡轴发动机，性能超过了国际同类发动机水平。在国家推动制造业高端化、智能化、绿色化发展的大形势下，智能制造成为哈经开区引领航空企业新一轮产业技术变革的主攻方向之一。为让科研成果尽快转化为生产力，哈经开区以中航哈飞现有研发和工艺团队为主体，联合中国商飞集团共建研发中心，联合哈工大等高校院所，逐步谋划成立航空产业研究院，搭建合作平台，促进供给侧和需求侧有效对接。

3. 开辟低空经济新赛道，布局无人机大市场

低空经济是依托低空空域，以通用航空产业为龙头，以各种有人驾驶和无人驾驶航空器的各类低空飞行活动为牵引，辐射带动相关领域融合发展的综合性经济形态。随着无人驾驶、绿色动力、智能网联等技术的发展，低空产业表现出创新引领、绿色低碳、跨界融合的特点。2023—2024年冰雪季，黑龙江凭借把游客"宠出圈"的冰雪游而火爆全网。春节期间，无人机的加入为冰雪旅游更添了一把"科技火"，通过"低空+文旅""低空+物流"等新业态形式深度融入春节旅游，为黑龙江打造领跑低空经济新名片。以满族风特色著称的哈尔滨市南岗区东升村，在春节期间迎来了一波旅游高峰。为了迎接陡然增长的客流，东升村在"满族村寨""采摘园"等景点全方位配备了来自哈经开区企业联合飞机的Q20多旋翼无人机。该无人机搭载喊话器，成为空中导游，为游客介绍东升村的特色景点。无人机伴游是无人机融合文旅的一次创新尝试，为黑龙江冰雪游增添了一抹科技亮色。

发展航空航天产业是夯实科技自立自强根基，建设航天强国的重要工程。黑龙江将通航产业作为全省重点产业，将通航产业纳入省"十四五"规划纲要、

振兴之路

联合飞机无人机产品（哈尔滨联合飞机科技有限公司 供图）

工业强省发展规划、产业振兴行动计划等总体规划，持续提升航空航天产业的自主创新能力、核心竞争力和行业引领力，聚力抢占低空经济发展新赛道，一幅航空航天"新蓝图"正徐徐展开。

在黑土地上，技术迭代加快推动产业升级，创新成果加速转化应用，新兴产业应运而生。黑龙江正通过不断的技术创新突破，加快培育发展新质生产力，推动老工业基地加速蝶变。

面向未来，黑龙江省牢记嘱托砥砺奋发，解放思想勇毅前行，以拼的精神、闯的劲头、实的干劲，抢占人工智能、新材料、航空航天等新兴领域的竞争制高点，用高科技、高效能、高质量的新质生产力，开创高质量发展、可持续振兴新局面。首先，集聚科技智力。以前沿技术的颠覆创新为根本前提，基于国家提倡的"大科学"模式，部署关键核心技术攻坚。加快建设环大学大院大所创新生态圈，统筹推进原始创新、集成创新、开放创新，促进科技成果就地转化，推动科技成果向新质生产力转化。其次，提升链条活力。充分发挥科技创新增量器作用，推动创新链产业链深度融合。大力发展大数据、大模型、大算力，不断壮大航空航天、先进制造、人工智能等新兴产业，前瞻布局深空、深海、生命科学等未来产业，以科技创新催生新产业、新模式、新动能，全面推进"4567"现代化产业体系建设，努力使新质生产力发展和传统产业升级相辅相成、相互促进。最后，激发内生动力。把培育发展新质生产力作为一项系统工程，着力打通束缚战略性新兴产业和未来产业发展的堵点卡点，建立高标准市场体系，创新生产要素配置方式，让各类要素向发展新兴产业顺畅流动，着力打造发展新质生产力实践地，为实现强国复兴的宏伟目标贡献龙江力量。

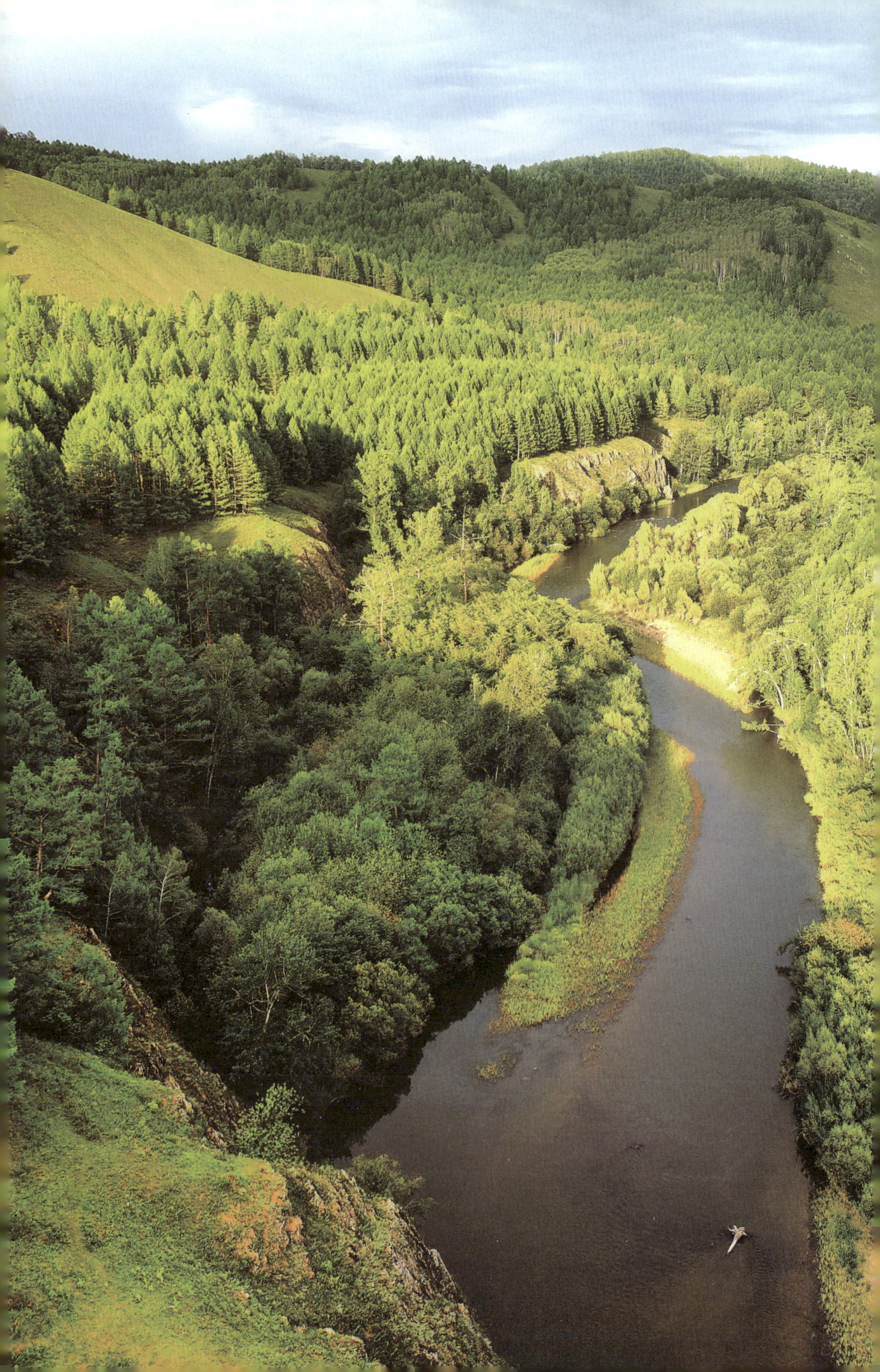

第三章

当好国家粮食安全"压舱石"

粮食安全是治国理政的头等大事。只有粮食安全有充分的保障，推进中国式现代化、应对各种风险挑战，才有足够的底气、信心和定力。我国的粮食安全是人口规模巨大的粮食安全，是14亿多人吃饱吃好、吃得绿色健康的粮食安全。黑龙江省作为农业大省和粮食主产区，一直肩负着维护国家粮食安全的重任，1949年全省粮食产量只有115.5亿斤，1966年、1983年、1990年、1994年、1996年、2005年分别迈上200亿、300亿、400亿、500亿、600亿、700亿斤的台阶；2010年突破千亿斤，跃居全国第一；2023年实现"二十连丰"，粮食产量达到1557.64亿斤，占全国粮食总产量的11.2%，连续14年居全国首位。一个个新台阶的跨越，在黑土地上勾画出粮食连年丰收的绚丽的"上扬曲线"，为大国粮仓的日益丰盈贡献了龙江力量。

强国必先强农，农强方能国强。农业是中国式现代化的基本盘。长期以来，黑龙江省高度重视农业发展，在农业科技、农产品质量、绿色循环农业和品牌农业等方面取得了显著成效。黑龙江省第十三次党代会立足龙江农业发展实际，提出了大力发展"科技农业、绿色农业、质量农业、品牌农业"的目标任务。

2023年9月，习近平总书记在黑龙江考察调研时强调，"黑龙江要当好国家粮食安全'压舱石'"，提出把发展农业科技放在更加突出的位置，统筹推进科技农业、绿色农业、质量农业、品牌农业。这为黑龙江省当好国家粮食安全"压舱石"，大力发展现代化农业提供了重要遵循和前进方向。

振兴之路

一、以"科技农业"保障粮食稳定安全供给

粮食安全是"国之大者",粮食安全是事关人类生存的根本性问题。粮食生产是靠天吃饭,近年来全球气象灾害多发频发,给粮食稳产增产和满足需求带来极大风险,我国粮食生产和消费长期处于"紧平衡"状态没有改变。粮食生产是靠地吃饭,耕地是粮食生产的命根子,我国用世界7%的土地养活了世界18%的人口,如何在有限的耕地上产出更多的粮食,始终是世界性难题。粮食生产是靠科技吃饭,我国"耕地就那么多,稳产增产根本出路在科技","深入实施种业振兴行动,强化农业科技和装备支撑",习近平总书记对粮食稳产增产提出的战略指引,为全方位持续夯实粮食安全根基指明了方向。

"中国粮食!中国饭碗!"习近平总书记在黑龙江省农垦建三江管理局考察时,双手捧起一碗大米,意味深长地说出这八个字,同时强调,"把发展农业科技放在更加突出的位置",为我省当好维护国家粮食安全"压舱石"开出良方。近年来,黑龙江省坚持科技强农、科技兴农,良种、良机、良法配套,全环节、全过程挖掘粮食单产潜力,全省农业科技进步贡献率达到69%以上,高于全国近8个百分点。那么,黑龙江省为何能成为我国最大的粮仓,又是如何保持粮食产量、调出量、商品粮量全国第一的呢?下面我们一道走进黑龙江的科技农业。

（一）良种强"芯片"：筑牢粮食安全种业基石

国以农为本，农以种为先。我国是全球第二大种子需求国，近年来我国种业企业发展迅速，但与国际种业巨头相比，实力差距仍很明显，种业企业数量多、集中度低、大而不强、小而不专。黑龙江省深入贯彻习近平总书记重要指示精神，制定出台《黑龙江省种业振兴行动实施方案》，并配套制定方案任务分工台账，形成了龙江种业振兴时间表、路线图，强力推进种业振兴，取得了积极成效。全省主要农作物良种基本实现全覆盖，良种对粮食增产贡献率达到45%。建有玉米、大豆、小麦等国家种质资源改良中心（分中心）13个，省（部）级育种重点实验室、创新中心17个，6个国家和省级种质资源库，保存种质资源21万份。常规粳稻、大豆育种处于全国先进水平。合农71大豆新品种田间测产336.2公斤/亩，刷新东北地区大豆实收单产纪录。大豆、水稻、小麦种植实现完全自主。2023年良种覆盖率达到100%，比2013年提升了2个百分点，对粮食增产的贡献率达到45%。"十三五"以来，全省共审定推广主要农作物新品种2592个。北大荒集团持续开展种源技术攻关，以垦丰种业为主体全力打造农科教、产学研、育繁推一体化的北大荒种业发展模式，从源头提升粮食产能。近五年，垦丰种业审定农作物新品种108个，推广的"垦沃""龙垦"系列玉米新品种，为黑龙江省北部地区实现合理轮作、粮食增产、农民增收作出重要贡献；"龙垦3092""龙垦310"等"龙垦"系列大豆新品种，有效促进了黑龙江省第四积温带等主栽区大豆品种更新换代；"龙垦2021"等优质香稻新品种填补了黑龙江省第二积温带早熟、长粒、优质品种的空白。

2007年12月，黑龙江北大荒集团九三种业公司和黑龙江农垦垦丰种业有限公司合并，成立黑龙江垦丰种业有限公司（以下简称"垦丰种业"）；2012年，垦丰种业获得首批育繁推一体化企业农作物种子经营许可证，是全国32家获批的种子企业之一；2020 年，垦丰种业第五次被认定为国家高新技术企业；2022 年，垦丰种业荣膺中国 500 最具品牌价值企业，品牌价值 105.65 亿元，是唯一入榜种业品牌；2023 年，垦丰种业再次荣获"中国种业信用明星企业"称号。

农业强"芯"，龙江有"种"。垦丰种业以运营系统化、资本市场化、发展国际化作为战略路径，形成了"三体系一总部"的高质量发展模式。一是以商业化育种为核心的研发创新体系。垦丰种业投资近 4 亿元、建筑面积 1.3 万平方米的自有研发中心，种质资源库、种子科学中心、生命科学中心、未来科学中心和高通量植物表型鉴定中心"一库四中心"内，配备国际领先的全自动植物核酸提取系统等世界一流的仪器设备 200 余台（套），以及目前世界最先进、国内最大的室内表型鉴定系统，研发基础条件已达到国际种业巨头标准，逐步建立了种子切片分选、DNA 提取、SNP 基因型鉴定、SSR 基因型鉴定、基因芯片、二代测序、表型鉴定七大高通量分子平台，提高育种效率，实现精准育种。二

生物育种实验室（北大荒垦丰种业股份有限责任公司 供图）

是以全程质量控制为核心的生产加工体系。引进"工业4.0级"成套玉米种子加工设备与工艺，从果穗入仓到成品种子入库，全过程自动化、数字化和智能化。每袋种子加工后均生成二维码，将质量管理贯穿于种子生产、加工、仓储、检验、销售的全过程，确保产品全程可追溯。三是以终端服务为核心的市场营销体系。开通"垦丰商城"网上销售平台，推行种子直营直供。对营销过程中的订单、商品、价格、会员、库存、物流六个过程进行统一，将消费者在不同渠道的购物体验无缝融合。四是支持与服务型总部。垦丰种业将信息化、智能化融入公司各项工作中，形成了服务与支持型总部的技术内核，推动了公司生产经营工作顺利开展，有效提升了公司决策、经营、管理、服务效率。

（二）良机添"动力"：护航粮食安全装备支撑

"农业的根本出路在于机械化"是毛泽东同志提出的著名论断。黑龙江省深入贯彻落实习近平总书记提出的"大力推进农业机械化、智能化，给农业现代化插上科技的翅膀"重要指示精神，坚持把农业机械化、智慧化作为推进农业农村现代化的重要标志，提升粮食单产水平的重要抓手。截至2023年底，全省拖拉机保有量达到156.1万台，其中100马力及以上拖拉机10.35万台，农机总动力达到7339.57万千瓦，农作物耕种收综合机械化率达到99.07%，稳居全国首位。智能播种监测、北斗导航自动驾驶等技术成功应用于农机，在智慧农机、无人农场领域国内领先。在农业农村部全国率先基本实现主要农作物生产全程机械化示范县（市、区）评选中，全省有72个县（市、区）入选。

据中国农业科学院和国际食物政策研究所联合发布的《中国农业产业发展报告2023》测算显示，到2035年，若我国粮食收获、储藏、加工和消费环节损失率分别减少1个至3个百分点，实现三大主粮损失率减少40%，可降低三大主粮损失约1100亿斤。由此可见，节粮减损潜力巨大。2023年，黑龙江省及北

振兴之路

大荒农垦集团有限公司分别承担建设大型大马力高端智能农机装备研发制造推广应用先导区任务，重点探索大型大马力高端智能农机装备研发制造、熟化定型、推广应用"三位一体"新机制新模式，实现粮食收获止损。

农稳社稷，器利农桑。农业机械化是科技强农、加快农业农村现代化的重要基础，也是提高粮食生产能力不可或缺的有效措施。从新中国第一个拖拉机站落户龙江，到如今农作物耕种收综合机械化率稳居全国第一，我省农机发展一直保持先行之姿。1952年3月，新中国第一个拖拉机站——星火拖拉机站在桦川县建立。共有职工70人，拖拉机7台，机引农具7台（件），主要为附近的星火农庄代耕服务，当年机耕地4408亩；1956年，拖拉机增至24台，并配有联合收割机2台、脱谷机6台、汽车2台，共组成6个机耕队，是当时全国较大规模的拖拉机站。党的十八大以来，黑龙江省坚持把农业机械化作为发展农业生产、推进农业农村现代化的重要内容、重要支撑和重要标志，持续不断

北大荒集团北安分公司农机联合作业（卢伟力 摄）

推进农业机械化和农机装备产业转型升级。

2023年，黑龙江省加快建设大型大马力高端智能农机装备研发制造推广应用先导区，自主研发的一大批现代化农机装备已成黑土地上的"明星"。行电驱式高速免耕播种机、18行可折叠电驱式高速精量播种机、电驱式玉米小区播种机实现了精准精量、变量变速，让丰收赢在起点；50千克大载荷无人机"力大无比"，适用多种地形，轻巧灵活；6行鲜食玉米收获机、胡萝卜联合收获机节本增效，让丰收落袋为安。有6个农机产品被农业农村部、工业和信息化部列为农机装备补短板重点突破机具成果。全省播种机企业在技术上占据领先优势，在全国进入第一阵营，打破了国外产品垄断。

不仅如此，黑龙江省依托互联网技术，在2013年建成了全国首个省级农机调度指挥平台，通过加快物联网、大数据、云计算等新一代信息技术的应用，2023年，黑龙江省农机管理调度指挥中心已覆盖省市县三级，实现了农机作业、精准统计、农机补贴、农机鉴定、农机监理等主要业务网上办理，运行的农机作业终端达10.82万台（套）。每逢耕种等关键农时，黑龙江省就变成了大型农机的"阅兵场"，在指挥平台的调度下，大型农机具在春耕时节大显神威，"金戈铁马"抢农时、保春耕，重点推广具有免耕防堵、分层精量施肥、种肥监测等功能的高速精量播种设备，确保播种精细、下籽均匀、深浅一致。截至2023年底，全省免耕播种机达到4.98万台，高速乘坐式水稻插秧机8.6万台；全省植保无人机3.1万架，作业面积达到4.6亿亩次，均居全国第1位。在夏耘时节，大力推进植保无人机的推广应用，一台台植保无人机"一喷多促"，推动实现水稻、小麦、玉米等各类作物的精准喷洒、播撒作业；在秋收时节，做好农机调配保障，以机为主，人机结合，推广智能高效收获机械，引导经营主体在收获机具上安装北斗导航定位终端，提高收获效率，降低机收损失，让粮食"颗粒归仓"。2023年全省玉米、水稻、大豆机收平均损失率分别为2.53%、2.05%、2.63%，均低于国家标准要求。

振兴之路

值得一提的是，北大荒集团积极推进智能农机、智慧农场建设，让一项项智慧农业"黑科技"应用到生产中。截至2024年9月，北大荒集团已启动16个智慧农场建设，累计投入2.47亿元，改装及升级各类无人驾驶农机具343台（套），年耕种管收综合作业面积30余万亩。北大荒集团建三江分公司七星农场，作为全国首批大田种植业物联网应用示范基地，依托资源优势和规模化、机械化生产优势，积极探索智慧农业实践路径，集成浸种催芽、叠盘育秧、秧田温湿控制、叶龄诊断、控制灌溉等数智应用和搅浆整地、驾驶插秧、植保、驾驶割晒拾禾直收、机车翻地、机车筑埂等无人化智能创新技术20多项，在国内建设首个不间断作业的百亩智慧农机智能管控试验基地、1000亩规模的无人化示范基地、单个集群15000亩水田智慧农场推广区，为现代农业插上科技的翅膀。

北大荒集团七星农场有限公司物联网指挥调度平台（北大荒集团七星农场有限公司 供图）

（三）良法巧"集成"：确保粮食安全行稳致远

作物栽培技术是影响粮食产量、品质以及生产效率的重要因素。黑龙江省深入贯彻落实习近平总书记关于"让农民用最好的技术，种出最好的粮食"的重要指示精神，加快高产高效技术模式在粮食生产中的应用推广，按照突出关键、强化攻关、示范带动、整建制推进的基本思路，组织专家聚焦主粮进行技术大集成、大攻关，通过专项工程牵动、垦地合作推动、展示基地带动等多种形式，强力推进水稻、玉米、大豆等主要粮食作物高产高效栽培技术模式的运用，不断提升技术到位率和覆盖率。2023年全省推广大垄密植栽培技术面积3497.9万亩，其中玉米推广面积1584.2万亩，大豆推广面积1913.7万亩。

"良种+良技"，持续提高技术到位率和覆盖率。黑龙江省以主攻单产、全面挖掘增产潜力为总体目标，以优质高产高效技术集成示范推广为总抓手，选用优质先进栽培技术模式。

玉米种植方面。重点筛选和推广高产稳产、耐密性好、抗逆性强、收获期籽粒含水量低、适合全程机械化的优良品种。重点推广玉米提质增效综合高产栽培技术、玉米大垄密植高产栽培技术、玉米中后期一喷多效技术等绿色高质高效技术、玉米密植高产精准调控（水肥一体化）增产技术。讷河市与中国农业科学院作物科学研究所和省供销社合作，以"水肥一体化示范项目"推广应用"玉米密植高产水肥一体化精准调控技术"，2023年，集中连片田块亩产达897.3公斤，最高田块玉米干粮亩产达988.12公斤，标志着全省玉米单产再创新高，形成了该技术在半干旱寒冷黑土区集成应用的"讷河模式"。比如，省供销社开展"供销科技增粮行动"，成立省级数字农业服务公司，联合中国农科院、黑龙江省农业科学院等专家团队组建供销科技增粮专家指导组，在全省范围内示范推广玉米密植高产精准调控结合双聚螯合液体肥料应用（水肥一体化）增产技术，围绕选用优质良种、大垄双行密植、浅埋滴灌、按需精准供给水肥、化控植株矮化等108项技术要点开展指导服务。2023年，在全省设立示范田110块，推广面积1万亩以上，玉米潮粮亩单产增收400斤以上。讷河试验区平常亩产潮粮1500斤左右的地块基本达到了2000斤以上，最高地块亩产达到了2200斤，亩增产600斤，创造了有记录以来高寒地区玉米亩单产最高纪录。

大豆种植方面。黑龙江省重点筛选亩产400斤以上的高产高油品种和亩产350斤以上的高产高蛋白品种，推广高产、高蛋白或高油、抗逆、广适、宜机收品种。在全省适宜区重点推广大豆大垄密植高产高效栽培技术，通过北大荒集团先行先试，在全省积极推广，2023年推广种植面积1893.4万亩。北大荒集团

讷河市玉米密植高产水肥一体化精准条共技术测产观摩会（黑龙江省供销合作社联合社 供图）

北安分公司推出了"北安模式"读本，制定了 72 项实施办法和指导意见，并将各农场多年来积累的较为完整、适合本地、优势高产的栽培技术和管理经验进行了整合，将"北安模式"的成熟经验复制到地方农村。据统计，垦地合作村屯地块大豆亩均增产 50 斤以上，最高亩产可达 452.5 斤。与此同时，重点聚焦"大豆种子包衣、根瘤菌剂接种和大垄密植"3 项关键技术要素集成。2022 年、2023 年累计投入 4000 万元，落实包衣面积超 1000 万亩，大豆种子包衣率提高到 84%；统防包衣较常规种衣剂亩均增产 6.7%，较白籽下地亩均增产 15.7%。将根瘤菌剂接种技术示范推广到大豆主产县，示范区大豆平均产量 364.4 斤 / 亩，每亩增产 9.6～27.2 斤，增幅达到 3.4%～12.7%。北大荒集团北安分公司自主研发了根瘤菌滴流装置，实现大豆平均单产增加 27.5 斤，并积极向周边提取推广。大垄密植高产高效栽培技术，可使亩种植密度提高约 1000 株，按照 3 株 1 两豆计算，每亩可增产 30 斤左右。①

科技是农业发展的第一动力。回顾过去，从新中国成立到改革开放，特别是党的十八大以来，黑龙江省紧紧依靠科技进步推动农业高质量发展和粮食稳产增产，农业科技综合实力大幅提升，现代农机装备能力切实增强，农业信息化进程全面提速，维护国家粮食安全"压舱石"地位更加巩固，取得了"全国每 9 碗饭，就有 1 碗来自黑龙江"的显著成效。面向未来，黑龙江省将进一步释放农业大省的资源、生态、科研、产业、区位等优势，坚持以发展现代化大农业为主攻方向，把发展农业科技放在更加突出位置，为农业强省建设提供有力科技支撑。持续打好关键核心技术攻坚战，集中优势力量攻克农业科技前沿和核心短板领域，降低农业关键技术、农机装备等领域的对外依存度。加强分子育种、干细胞育种、基因学等前沿技术突破，实现种业科技自立自强，种源

---

① 刘伟林、岳海兴：《黑龙江三举措大豆大面积单产提升》，《农民日报》2024 年 5 月 15 日。

振兴之路

自主可控。加快数智赋能农业科技，培育农业新质生产力。加强数智技术的研发培育，推动农产品全产业链数字化赋能，将数字技术贯穿农作物耕、种、管、销各环节，实现农业农村生产经营和管理服务的精准化、智能化。加快科技成果集成与转化运用，推进全省现代农业产业技术推广体系建设，优化农业主推技术，让科技在农业生产关键领域发挥重要作用。

二、以"绿色农业"夯实粮食生产根基

秋季的龙江大地,稻谷飘香、玉米金黄、豆荚丰满、高粱火红,放眼望去,一片丰收在望的喜人景象。风景如画的万顷田野,不仅是百姓致富创收的"希望田",更是筑牢粮食安全的"主战场"。那么,黑龙江省是如何大力发展绿色农业,推动全省由大粮仓变成绿色粮仓、绿色菜园、绿色厨房,为"中国饭碗"多添优质龙江粮的呢?

"早起三点半,归来星满天,啃着冰冻馍,雪花汤就饭",这是自1947年开始几代垦荒人在黑龙江这片土地上向荒原开战、向土地要粮的奋斗写照,数十年的顽强拼搏终于将这片载途荆棘变成广袤良田,将荒无人烟的北大荒化作美丽富饶的北大仓,为人类屯垦史添加了浓墨重彩的一笔。

龙江人对这片先辈开垦出的黑土地有着特殊的感情。黑龙江农业发展在关注经济效益的同时,更加强调社会效益和生态效益,这不仅是龙江的责任和担当,更是北大荒精神的延续。

2018年,习近平总书记在黑龙江考察时,要求龙江"要加快绿色农业发展,坚持用养结合、综合施策,确保黑土地不减少、不退化"。[①]作为农业大省、粮

---

① 《解放思想锐意进取深化改革破解矛盾 以新气象新担当新作为推进东北振兴》,《人民日报》2018年9月29日。

食生产大省，黑龙江沿着总书记指引的方向，持续加快绿色农业发展。

作为产粮第一大省，黑龙江扛起粮食安全第一重任，直面农业发展面临的资源和环境挑战，探索不同区域农业绿色发展路径模式，从黑土耕地保护到秸秆综合利用，从化肥减量增效到废弃物回收处理，从绿色有机食品基地建设到绿色种养循环，更加注重农业资源保护和利用、农业污染高效防治、生态保护及修复和低碳农业建设，全方位贯彻绿色发展理念，坚持逐绿前行，让越来越多的龙江绿色食品摆上国内外消费者的餐桌。2023年，黑龙江绿色有机食品认证面积9458.8万亩，稳居绿色食品第一大省位置，全省主要农作物化肥利用率达到43%以上，主要农作物农药利用率达到48.2%，畜禽粪污资源化利用率达到84%，秸秆综合利用率保持在95%以上，累计建成高标准农田1.07亿亩，是全国唯一建成高标准农田过亿亩的省份。工程、农艺、生物等多种措施综合运用，让龙江优质农产品供给数量巩固、质量提升、高效多元，绿色已经成为龙江农业最鲜明的底色。

（一）加强保护修复：守好"黑土地"命根子

万物土中生，有土斯有粮。耕地是粮食生产的命根子，耕地质量关系粮食安全。龙江的黑土地是世界公认的最肥沃的土地，包含氮、磷、钾等很多养分，被誉为"耕地中的大熊猫"。然而，原本"攥把黑土冒油花，插根筷子能发芽"的黑土地近年来却出现了变薄、变硬、变瘦现象，给农业可持续发展特别是粮食安全带来挑战。面对退化的黑土地，黑龙江省坚持用养结合，致力于把越来越多的"粮田"变成"良田"。

黑龙江典型黑土耕地面积1.56亿亩，占东北典型黑土区的56.1%。黑土地面积最大、保护任务最重。黑龙江实施黑土地保护工程，通过加强耕地质量保护利用、促进农业节水增效、保护农业生物资源等方式，落实东北黑土地保护利用项目和东北黑土地保护性耕地行动计划。2023年，黑龙江落实黑土地保护性耕作实施面积2670万亩，耕地质量长期定位监测点实现县域全覆盖。按照《到2025年化肥减量化行动方案》要求，以测土配方施肥为抓手，集成推广化肥减量增效新技术新产品新机具，建设"三新"省级示范区11个，区域示范区、航化作业展示区、黑土地有机转化区461万亩以上，促进施肥精准化、智能化、绿色化，提高科学施肥水平。黑土地保护成效明显，2023年，全省土壤有机质平均含量40.3克/千克，比2016年增加4.1克/千克，水、旱田耕层平均厚度达到25.1厘米、21厘米，分别比2016年增加1.1厘米、3.5厘米。

北大荒集团建三江分公司七星农场有限公司万亩大地号稻田画（吴易霞 摄）

振兴之路

位于佳木斯市的七星农场以水稻为产业支柱，共有 126 万亩耕地。2018 年 9 月 25 日，习近平总书记考察七星农场万亩大地号时语重心长地说，人无远虑必有近忧，北大荒的土质要不断优化，不能退化；绿色发展要有可持续性，农业生产不能竭泽而渔。① 为保护好、利用好黑土地，从 2004 年开始，七星农场以 3 年为一个周期，对全场耕地"把脉问诊"，并根据土壤肥力分布情况，为本地区的黑土地建立一份完整的"健康档案"。种植户根据每个地块的检测结果按照"缺什么补什么，缺多少补多少"的原则，为每个地块精心调配"营养餐"，不仅给土地"加了油"，粮食品质也越来越好，农民的钱袋子随之也鼓了起来。七星农场第三管理区种植户孙××算了一笔明白账：这几年，农药、化肥、除草剂使用量减少，不仅给土地储备了"后劲儿"，而且粮食的品质还得到了提升，他的品牌粳米已远销北京、上海等十多个城市，能实现一地多收。七星农场的"控氮减磷稳钾"施肥模式已经被省内其他地方广泛借鉴。

黑龙江坚持把农业生态保护修复作为保护好、利用好黑土地的有效方式，通过推进秸秆综合利用，加强受污染耕地安全利用，建立农业生态环境保护检测制度等措施，探索建立可推广、可持续的产业发展模式和高效利用机制。2023 年，龙江秸秆综合利用率达到 95% 以上，其中秸秆直接还田率 72.75%，间接还田率 2.65%。

秸乐农业是一家以农作物秸秆资源为原料为绿色（有机）农业生产提供所需农资产品的公司。2014 年，秸乐农业在五常经济开发区成立。公司成立后，开始了植物纤维基地膜从实验室走向工厂化生产，经过 10 多年的发展，终于把小秸秆发展出了大用途。在五常市牛家工业园区秸乐厂区的温室大棚里，一边水稻苗在一片三排秸秆育秧钵里绿油油的，长势良好；另一边在测试使用秸秆

---

① 张晓松：《习近平感慨北大荒的沧桑巨变"了不起"》，新华社，http://jhsjk.people.cn/article/30313443。

纤维基地膜的水稻生长和抑草情况，还能检测地膜可降解的天数。在旁边的实验室内，公司在省农科院畜牧研究所的专家指导下，将秸秆和畜粪便混合后，加入益生菌，不断发酵来进行秸秆堆肥实验。

把秸秆吃干榨净，秸乐公司孜孜以求。以前的秸秆资源化利用，是想方设法把秸秆茎"沤烂"，秸乐公司与东北农业大学等高校合作，不断探索秸秆综合利用新途径。在秸乐厂区内，稻草秸秆先进入粉碎和筛分程序。秸秆茎基部、穗粒和水稻叶片用于有机肥和基质土的生产；纤维含量丰富的茎秆，经过搓丝机反复揉搓后进入功能菌群浸渍，腐蚀分解其中的木质素和半纤维素，之后进行碾、磨、挤、洗等物理加工，制成秸秆纤维素，再用秸秆纤维素生产"纸地膜"，用来代替常用的塑料地膜。

要想收成好，地膜是个宝。在五常市农村，以往每亩水稻需要人工除草3遍。采用地膜可以免去人工除草、节省化肥、减少农药，达到节水、节肥的效果。传统的塑料地膜残留难以降解，给农村带来"白色污染"。采用秸秆纤维基地膜覆盖技术种水稻，在水稻生长前期，秸秆纤维基地膜可以保温、减少杂草，促进稻苗快速生长；后期，秸秆纤维基地膜可以自动降解，不用起膜，又省去了一大笔人工费。

秸秆取之于田，再通过原料化、肥料化，还之于田，这是对黑土地最好的保护，也让原本被视为农业废弃物的秸秆摇身一变成了抢手的"宝贝"。

（二）严控面源污染：绿色防控技术迭代更新

黑龙江防治农业面源污染问题立足于早、着眼于防，通过加强病虫疫情检测体系建设、更新改造施药机械、加强病虫防控指导等方式，推进化肥农药减量增效。

立秋，北大荒集团八五三分公司（以下简称"八五三分公司"）的万亩水稻地头，一片片已经完成抽穗的水稻。每一株生机勃勃的水稻都是一系列减肥增效措施的应用成果。八五三分公司针对水稻田土壤中的有效磷含量逐年增加的情况，组织技术人员进行"控氮减磷稳钾"试验，在磷含量高的地块适当减少磷肥，水稻产量并不会下降，甚至还可以增产。如此，化肥施用量减少了，肥料利用率提高了，水稻的质量也提升了。八五三分公司推广应用了 12 万余亩，节约成本 70 余万元。

八五三分公司管理区面积为 71979.57 亩，公司设置了 73 个监测点，采样后的土壤会被统一送检。检测后按照各检测点的基本养分信息、田间生产情况、施肥明细、不同作物的施肥配方等统一进行制表建档，提高了黑土地保护地籍信息的及时性、针对性和全面性。

近年来，八五三分公司带领种植户采取减肥、增加土壤有机质含量、保护性耕作等措施，保障黑土资源可持续利用，帮种植户增收。2023 年，该公司通过加快生产方式转变，推进绿色生产、标准化生产全覆盖，实现秸秆综合利用率 100%。全面积实施测土配方施肥技术，有机肥替代化肥面积 18 万亩，沼液沼渣还田 10 万亩，水稻侧深施肥 35 万亩，绿色农药替代传统农药 80 万亩，地表水替代地下水 19.1 万亩，农业"三减"示范面积达 80 万亩。农户使用了"控氮减磷稳钾"技术，不仅减少了化肥的使用，水稻的收成也比往年好。

在推进畜禽粪污资源化利用方面，黑龙江省以畜禽粪肥就地科学还田为主攻方向，着眼于源头减量、过程控制、末端利用，举办畜禽粪污资源化利用技术培训班，指导养殖场户配套建设粪污贮存设施。

农、牧场一直都是粪肥问题的"重灾区"，如何攻坚克难，是每个农场都要面临的问题。围绕破解畜禽粪污治理"最后一公里"，鹤山农场通过不断探索实践，依托囊式发酵粪肥还田技术，对畜禽粪污的收集、处理、施用三个环节实施统一作业，通过固体粪污堆肥利用、尿液污水液体发酵肥料化利用和粪污全量收集发酵还田利用三种模式，科学利用还田"窗口期"，将牧场奶牛产出的

北大荒集团鹤山农场有限公司对收获完的地号喷施液体粪肥（任宝吉 摄）

粪污采用干湿分离技术，液体粪污通过密闭囊式发酵技术，固体粪污通过阳光棚自然发酵，达到无害化处理标准，一年转化有机粪肥65000余吨，还田面积25000余亩，提升了土壤有机质含量，增加了孔隙度，提高了土壤的保水性能，让黑土地美美地吃上了"营养餐"。

鹤山农场自2021年实施粪肥就地就近科学还田以来，累计还田面积71100余亩，化肥施用量减少8%以上。土壤有机质含量从2020年的45.8克/千克提高到2023年46.2克/千克，真正实现"粪污"变"粪肥"，"污染源"变"资源"，既保护了黑土地，又促进了牧场的可持续发展。

围绕推进农膜和农药包装废弃物回收处置，黑龙江省印发《关于进一步加强农膜回收、利用及监管工作的通知》，采取多种模式和奖励激励措施推进回收和处理，推广大包装使用等源头减量技术措施，派专人开展回收调研指导。全省农药包装废弃物回收点达到1.4万个，回收农药包装废弃物总计5900余吨。

绥棱县位于黑龙江省中部，地处小兴安岭南端西麓。绥棱县目前拥有耕地232万亩，是全国商品粮基地县、全国产量大县。

该县长山镇的村民以往习惯了随意丢弃农药包装废弃物，自从县里出台了《农药包装废弃物奖励办法》《绥棱县关于鼓励农药包装废弃物回收的办法》以后，形成了以四级田长制网格化管理体系为载体，乡级田长负总责、村级田长具体抓、网络田长负责收、户级田长义务送的一整套工作体系，通过乡村大喇叭、移动式回收车、微信群等方式广泛宣传，农户逐渐了解乱扔农药瓶的危害，慢慢地，捡农药包装瓶在绥棱县流行了起来。村民见面打招呼的问候语从"吃了吗？"变成了"今天又捡多少瓶子啊？"。

现在的绥棱县，走路看见农药瓶子都是稀罕事，村民回收农药包装废弃的积极性非常高。从"随手扔"到"人人捡"，从"组织干"到"主动干"，绥棱县持续优化的农药包装废弃物回收机制，让每一位村民都自觉成为面源污染的"防治人"。

（三）聚焦低碳发展：打造绿色发展龙江模式

推进农业减排固碳，是我国碳达峰、碳中和的重要组成部分。在农业活动中，化肥、农药、农膜等农业投入，电力灌溉、农业机械使用、水稻等种植排放等农业活动，以及动物粪便、秸秆燃烧等有机废弃物处理是温室气体的重要来源。黑龙江省聚焦重点、突出特色，探索符合本地区生态类型、主导品种的农业绿色发展模式，加强生态低碳农业建设。黑龙江省在推动农业绿色发展先行区建设方面，指导肇源县、兰西县、铁力市、讷河市4个国家农业绿色发展先行区，桦川县、通河县、爱辉区、宝清县作为国家农业绿色发展先行区创建单位，示范带动同类地区农业绿色发展。

兰西县，地处哈大齐工业走廊重要节点。距离哈尔滨太平国际机场1小时车程，距最近铁路编组站30分钟车程，独特的地缘优势让兰西县农业有了清晰的定位和目标。全县249万亩耕地全部列入省无公害农产品基地，30万亩草原获批国家级草原自然保护区，成为国家第二批农业绿色发展先行区之一。

在测土配方施肥方面，兰西县设立了试验区用来做水稻利用率和水稻肥效校正等试验。春天的时候，兰西县委托专门的机构对每个试验地块取土、化验、分析，并提供最佳的施肥方案。农技人员也在试验地开展田间教学，让周边的农户认识到测土配方施肥的必要性，进一步推广测土配方施肥技术。兰西县测土配方施肥技术覆盖率达到了90%。

小菜园种植是兰西县农业绿色发展的一大亮点。油豆角是东北人家餐桌上必不可少的食材，是走出黑龙江的家乡人心心念念的味道，也是黑龙江最具地方特色的优质农产品之一。仅兰溪镇就有超过2000户村民在自家小菜园种植油豆角。油豆角在市场上非常受欢迎，原因就是土质好、没有使用化肥农药，全部使用农家肥。黑龙江大学团队研发的新品种"黑大玉冠"和适用于速冻加工的专用品种"黑大巨冠"也让油豆角实现了"北菜南销"。目前，兰西县小菜园总面积1.02万亩，参与菜园开发利用农户1.53万户，纯效益超过3500万元。

兰西县倡导的种植理念是绿色、健康和无公害，县乡两级农技推广机构和蔬菜企业农技人员在菜园蔬菜生产的重点时段、重点环节及时指导，介绍推广轻简化栽培、病虫害绿色防控、施用农家肥等先进技术，这也让兰西县凭借小菜园的生态环境、绿色生产和精细化管理等优势，高质量发展绿色低碳农业，让农户实现了"半亩小菜园儿，三五千块钱"。

盛夏时节，在八五六农场稻田里翠绿的秧苗郁郁葱葱，处处美景、步步入画。在农场生态种植示范区，偶尔会有小龙虾吐着泡泡爬上塘埂，还可能会有牛蛙一个蹬腿跃上漂浮板，此时，如果你手中正好有鱼食，投入稻田中，就能

振兴之路

看到鱼儿跃出水面抢食的场景。

近年来,八五六农场充分挖掘土地潜能,开辟新"稻"路,推行"水稻+"生态种养模式,让稻田里"长"出鱼、龙虾、螃蟹、鸭子、牛蛙等,它们以稻田水体中的饵料、部分有害昆虫和田间杂草为食,既节省饵料,又起到防治病虫害的作用,还可以疏松土壤、省用农药,减少了粮食污染,降低了养殖成本,生物肥料成为水稻生长过程中的唯一"给养"。一年下来,这种农牧结合的种养方式可节省30%化肥使用量、50%农药使用量,增加了养殖收益和水稻产量,还提高了稻米品质和土壤肥力。以小龙虾为例,每亩地投放虾苗平均在15斤,

北大荒集团八五六农场有限公司蟹稻养殖(刘思琪 摄)

亩产可达到每亩60斤，小龙虾亩产值可达1800元，刨除虾苗、饲料、人工等成本，环沟、格田改造、围栏、其他物资的投入费用，仅养殖小龙虾一项的纯经济收益就可实现亩效益900~1000元。

在种植户吕先生的350亩水田里，有1000多只鸭子在稻田中恣意遨游，这些鸭子是养殖户高先生用2万元购入的，这些鸭子如今有了新的身份——稻田管家。水稻插完秧不久后，这些"管家"就上岗了。鸭子在水中游动、把水搅浑，可以阻挡一部分阳光照进水下，对大部分杂草的生长起到抑制作用；鸭子喜食昆虫，让卷叶螟、稻飞虱、稻蓟马等害虫无处遁形；鸭子排出的粪便还可以增加水稻的肥料，减少化肥农药的使用量，降低养殖成本。吕先生的这种绿色无公害的"鸭稻米"市场认可度高，不愁卖；同样地，高先生的鸭子在水田里当3个月的"管家"也能长到七八斤，可以卖到50~60元一只，扣除成本和损耗，还有3万~4万元的盈利。这种手牵手的"鸭稻共作"种养模式形成一种自我平衡的生态系统，实现稻和鸭双丰收。

绿水青山就是金山银山，良好的生态环境是农业高质量发展的前提和基础，也是夯实粮食安全生产的根基。同时，发展绿色农业是守住绿水青山的必然要求。农业绿色发展本质上是一种高质量的可持续发展，是用最小投入和环境代价实现最好产量和综合效益的发展方式。我国农业的出现距今已有约1万年的历史，人类从采集果实到刀耕火种再到固定农业，从向自然的索取到对自然进行投入。然而，农业发展的过程并不是一帆风顺的，面对当前农业发展过程中的土壤退化、水资源消耗大、生物多样性减少等一系列环境问题，发展绿色农业不仅是实现农业高质量发展的重要措施，也是实现乡村振兴，建设农业强国，维护好人民群众切身利益的必然要求。

黑龙江省是全国最早发展绿色食品的省份，拥有全国最大的绿色食品生产基地。未来，黑龙江省将坚持以发展绿色农业为鲜明导向，加快推动绿色低碳循环农业发展，打造和美乡村、绿美家园。一是加强农业资源保护利用，实施

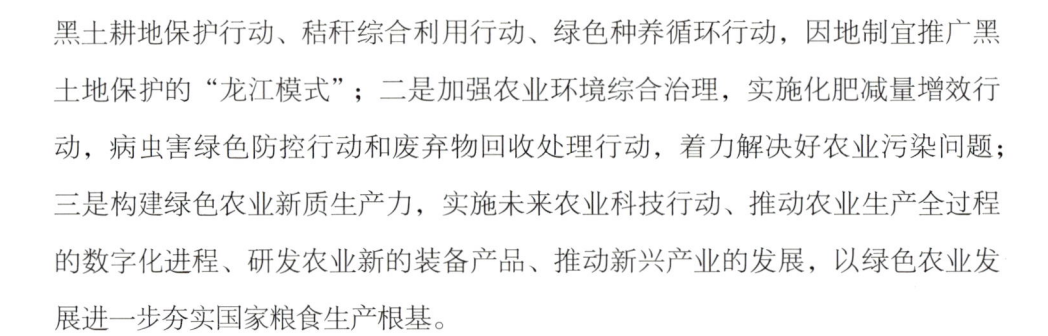

黑土耕地保护行动、秸秆综合利用行动、绿色种养循环行动，因地制宜推广黑土地保护的"龙江模式"；二是加强农业环境综合治理，实施化肥减量增效行动、病虫害绿色防控行动和废弃物回收处理行动，着力解决好农业污染问题；三是构建绿色农业新质生产力，实施未来农业科技行动、推动农业生产全过程的数字化进程、研发农业新的装备产品、推动新兴产业的发展，以绿色农业发展进一步夯实国家粮食生产根基。

三、以"质量农业"保障粮食生产品质

"质量农业"是一个综合性概念，不仅涵盖农产品质量，还包括农业供给体系质量、农业结构布局质量以及农业产业发展质量。发展质量农业，本质上是农业生产方式的转变和产业升级的过程。黑龙江省着眼于保障农产品的质量和安全，推动农业生产的标准化、资源利用的高效化和生态环境的绿色化，通过大力发展质量农业，提高农业的综合效益和竞争力，也让人民群众真正"吃得放心"。

民以食为天，质优则粮安。黑龙江省明确当好维护国家粮食安全"压舱石"战略定位，以农产品质量安全省创建为引领，制标准、提品质、强监管，推动质量农业取得新成效。截至目前，全省创建国家现代农业全产业链标准化示范基地8个、全国"三品一标"基地6个，入驻国家（省）农产品质量安全追溯平台生产经营主体2800多家，全省建设国家级绿色食品原料标准化生产基地面积6845.5万亩，居全国首位。2023年国家第一批次农产品例行监测合格率达到99.54%以上，省级食用农产品例行监测合格率连续七年稳定在98%以上，高于全国平均水平。

那么，黑龙江省是如何解决农产品质量安全这一难题，牢守农产品质量安全底线，推进农产品质量安全省建设的呢？让我们从推进质量农业发展的实践案例说起。

振兴之路

（一）制标准：以全产业链思维"串珠成链"

发展质量农业，离不开标准体系的建立。黑龙江按照有标贯标、无标制标、低标提标和缺标补标，不断健全全省农业全产业链标准体系。截至目前，黑龙江省已组织制定以水稻、玉米、大豆、小麦四大作物为核心的农业生产技术规程 1500 余项，其中农业农村部将黑土地保护 2 项标准上升为国家行业标准。

青冈县寒地黑土、天蓝水清，素有"中国玉米之乡""中国猛犸象故乡"等美誉。作为鲜食玉米主产区，青冈县被授予"第七届黑龙江品牌（文化）节指定产品""全国鲜食玉米新品种示范基地""全国中高端鲜食玉米生产示范基地""国家鲜食玉米种植与加工标准化示范区"等荣誉称号，连续承办了三届中国鲜食玉米速冻果蔬大会。目前，该县鲜食玉米种植面积 17 万亩，加工企业 23 家，加工设备 220 多台套，年产鲜食玉米穗 4 亿穗以上，实现产值 6 亿元以上。青冈县实施严格的种植和加工标准，一穗玉米，从田间到生产线"锁鲜"完成，整个过程保证在 3~6 个小时内完成，快收、快运、快加工，充分保证产品营养少流失、不流失，实现真正的"锁鲜"，青冈县由此也成为鲜食玉米行业的标杆。

2023 年，由青冈县起草的《鲜食玉米栽培技术规程》《鲜食玉米速冻加工技术规程》《鲜食玉米真空包装加工技术规程》等三个关于鲜食玉米的"团体标准"，在国家信息化平台公示通过。青冈县以获批"国家鲜食玉米种植与加工标准化示范区"为契机，打造国家级标准"实践地"。通过建设标准化示范区，建立标准化生产加工技术规程和技术体系，提升鲜食玉米全产业链标准化水平，打造具有品种优势、地域特色、品牌影响力的鲜食玉米全产业链标准化基地，实现了企业振兴、产业发展、农民致富、乡村振兴的多赢，助力了县域经济高质量发展。

标准基地的创建也是提升标准的重要一环。黑龙江省引导农业、畜禽、水产等相关企业开展标准化示范基地（场、区）创建活动，推动提升全产业链标准化水平。绥化市庆安县东禾水稻种植农民专业合作社联社由东禾农业集团牵头，26家农民水稻种植合作社与企业联合组建而成，实行"企业＋合作社＋农户"的利益联结模式，春季成员社与联社签订稻谷销售合同，成员社按照联社要求进行种植，秋后稻谷由联社高于市场价回收，进行统一加工销售，减少粮

黑龙江省农垦总局二道河农场万亩大地号稻田画（陈国旺 摄）

食流通中间环节，既满足企业生产需求，又增加了农户种植收入。

庆安县水稻种植已经有100多年的历史，"有一种米香叫庆安香"的品牌口号享誉全国。1991年，庆安被中国绿色食品发展中心评为全国A级绿色食品水稻生产基地，1993年，庆安粉米厂的庆泉牌大米获国内第一批绿色食品标志证书，庆安大米品牌也持续发展。近年来，庆安县水稻全部按照绿色和有机标准种植，应用了智能浸种催芽、超早钵育、种养结合、节水控灌、绿色防控等多项技术措施，全县水稻年总产增加1.5万吨左右，为维护国家粮食安全"压舱石"增添了庆安力量。

黑龙江省持续加快标准推广应用，积极推广大米、牛肉、蜂蜜、食用菌等重点产业全产业链标准化生产模式，推动农业标准应用转型升级，实现全产业链标准化生产。

桦川县地处"三江平原"腹地，水质清澈、空气纯净、土壤肥沃、鸟语花香，也是以盛产绿色大米而闻名全国的"中国大米之乡"。桦川县的好米产自标准化。好山好水大粮仓，好米好物出农庄。新中国第一集体农庄"星火农庄"发源于桦川，"星火大米"由此命名。桦川县以"星火大米"为带动，塑造质量过得硬、品牌叫得响、带动能力强的绿色优质稻米精品品牌新形象。为叫响"星火大米"区域公共品牌，成立县政府直属国有企业——富桦公司，按照政府推动、市场主导、合作社运营、农民受益、共享发展的稻米全产业链经营模式，示范带动桦川县开展现代化全产业链标准化生产，"星火大米"累计销售额突破10亿元，连续两年荣获中国国际有机食品博览会金奖。近年来，桦川县通过打造区域公用品牌，实现销售额连年翻番，"星火大米"区域公用品牌价值达到15亿元。同时，严把米糠加工标准关，执行稻米全产业链生产标准，严把原料、工艺、物流、仓储等环节风险控制关，2022年，全县生产米糠毛油达7万吨，占全省产量的40%。积极探索发展预制米饭新业态，依托优质稻米资源和日本预制米饭先进生产技术，发展壮大预制米饭产业，进一步丰富全产业链生

桦川县星火大米产品（桦川县玉城现代农机专业合作社 供图）

产标准化内容，开拓"粮头食尾"新蓝海。

（二）提品质：以结构优化思路"聚链成群"

黑龙江围绕增加绿色优质农产品供给需要，扎实开展品质提升行动，加快形成品质质量优势。近年来，黑龙江开展地理标志保护工程，针对尚志黑木耳、抚远鳇鱼等20个地理标志农产品实施保护工程，着力打造"特而优""特而美""特而强"的地理标志农产品。

延寿县位于黑龙江省中南部，四面环山，一水贯穿，地处北纬45度，是世界公认的黄金水稻种植带。境内山峦叠翠、河流纵横、稻田阡陌，被誉为"塞北小江南"，大气、水、土壤均达到国家一级标准。独特的环境孕育了优质的稻米。延寿的稻米外表光亮、晶莹剔透、整米率高、无垩白，富含钙、铁、锌、硒等多种益于人体健康的微量元素，蒸出的米饭晶莹光亮，香味持久，入口柔润香甜，余饭不回生。

2023年，国家知识产权局发布全国60件地理标志第二批重点联系指导名录，黑龙江省入选2件，"延寿大米"榜上有名。这是"延寿大米"自2018年荣获

振兴之路

中国大米十大品牌荣誉以来，收获的又一丰硕成果。延寿县通过突出延寿绿色生态品质、做大延寿稻米品牌、深化延寿稻米地理标志等方式，放大和彰显"中国优质香米之乡"品牌竞争力。"延寿大米"的品牌影响力不断攀升，2022年底"延寿大米"品牌价值突破100亿元，2023年达到110.26亿元，位列全国区域品牌地理标志产品百强榜第28位，成为区域经济的"助推器"和兴农富农的"金招牌"。

黑龙江省以"粮头食尾""农头工尾"为抓手，加快培育高质量农业产业集群，形成以北大荒集团、佳木斯农高区、国家级产业园区等为重点，具有全国或世界影响力的质量竞争型农业产业（产品）集群，促进农产品精深加工业"聚链成群"，打造全国质量农业样板高地。截至2023年11月，创建国家级农业产业强镇69个、特色产业集群6个、现代农业产业园12个。

黑龙江省是全国大豆种植面积最多、产量最大的省份。作为现代农业的"国家队"，大豆一直是北大荒集团的主要优势作物。2021年在农业农村部的大力支持下，北大荒集团按照大豆产业全产业链开发建设总体思路，集聚产业链发展要素，全面启动大豆产业集群项目创建。大豆优势特色产业集群建设主体涵盖了九三分公司下属的9个农场、九三粮油工业集团、北大荒食品集团、北大荒商贸集团、北大荒粮食物流公司、北大荒豆制品公司以及黑龙江省九三物流有限公司。

有着70多年种植历史的九三分公司，不断总结出具有区域特色的非转基因大豆生产标准和种植模式，并在全域推广。可以说，标准化就是九三大豆高品质的支撑。种植的密度，种子分布的匀度，播种的直度、深度、速度，以及中耕的深度、田间的净度、作物长势的齐度，这"八度"是农场在大豆高标准种植上重点抓的关键点。翻开《九三大豆》和《农业科技资料汇编》两本书，从地理环境到营销体系、从选种到收获方方面面都记录详尽，做到了种植有标准、生产有模式。近年来，九三分公司重点建设高标准农田35.13万亩，农机具更新

930台套，建设大豆良种繁育基地，建设耕地保护与质量提升项目、烘干塔建设改造项目，加强大豆标准化仓储基地建设。

通过大豆优势特色产业集群建设，北大荒集团进一步打造以九三分公司为核心的大豆生产基地、以九三集团为核心的科研和加工产业链条、以食品集团为主的加工营销链条，以及以北大荒商贸集团为核心的物流仓储全产业生态链，实现了大豆生产、加工、产品销售一体化、集群化发展。

提到绿色有机食品认证，黑龙江省按照提升质量、稳定总量、优化结构的总体要求，稳步推进全国绿色食品原料标准化生产基地建设。全省开发绿色食品3118个、有机食品595个。

拜泉县位于黑龙江省中西部，耕地面积366万亩，以东北"四大粮仓"之

北大荒集团九三分公司尖山农场有限公司大豆收获（高忠东摄）

一闻名遐迩，也是黑龙江省大豆主产区之一，曾荣获优秀国际绿色产业示范区、全国大豆绿色高质高效行动示范县等十多项荣誉。

近年来，拜泉县大力推进稳粮扩豆，实施大垄密植、农业生产托管等增产措施。大垄密植栽培技术不仅有着作物生长时通风好、种植密度大的特点，还可以增加作物产量、提高光能利用率、抗倒伏，同时配合相关作业机械，能够有效地提高播种效率。2023年，拜泉县大豆种植面积256.3万亩，可为加工企业提供充足原料。拜泉县争创大豆生产基地核心区，创建全国绿色食品原料（大豆）标准化生产基地70万亩，认证大豆相关绿色有机食品标识6个，推动农产品质量和食品安全提档升级。

（三）强监管：以质量监管利剑"保驾护航"

就质量农业而言，实施农安监管行动、加快提升治理能力水平是必不可少的一环。加强监管队伍建设，实行网格化管理，形成省、市、县、乡、村五级监管体系。截至目前，全省97%的乡（镇、街）设立了监管服务站，81%的村设立了安全协管员。加快农安示范创建，组织第三批国家农产品质量安全县创建认定，大同、桦川、庆安、甘南4个县（市、区）通过验收。

庆安县定期对所有农产品生产销售企业、农民专业合作社、生产基地、种植养殖大户和收购储运企业及批发、零售市场开展隐患排查和抽样检查工作，实行网格化管理，落实日常巡查、速测等措施。建设农业田间物联网，庆安全县30万亩水稻实现从田间到餐桌的全程可追溯。如今庆安县的品牌农业建设已初具规模，申报"黑土优品"品牌8家、19个，已形成以庆安大米区域品牌为引领，其他农业品牌为支撑的农业品牌体系，庆安大米品牌价值达到127.57亿元。2023年，庆安县成功入选农业农村部网站公示的第三批拟命名国家农产品质量安全县（市）名单。

为营造良好的农业信用环境，黑龙江省在农业领域积极推行承诺信用制度，涉农县全部实施承诺达标合格证制度，10个县（市、区）开展承诺达标合格证"十百千"工程。截至目前，全省开具承诺达标合格证86.1万张，带证上市销售农产品1033万吨。

铁力市创新"一二三"举措全面推行承诺达标合格证制度。成立由市政府主要负责同志任组长的农产品质量安全以及农业标准化建设工作领导小组，对全面推行承诺达标合格证制度工作进行安排部署。紧盯资金和技术保障，每年均投入本级资金约50万元，持续完善农产品质量安全监管体系，更新检验检测设备。强化数字赋能，检测数据全部实现了实时网络上传。聚焦生产、市场、宣传三个重要环节，全面推行承诺达标合格证制度。创新实施农产品质量安全信用评价机制，督促生产主体切实履行农产品质量安全主体责任。紧盯化肥生产、销售领域，严查生产许可证缺失，伪造产地，未建立产品进货查验制度及冒用他人厂名、厂址等违法违规行为。

黑龙江省始终把数字农安建设摆在重要位置，多年来持续加强国家（省）农产品质量安全追溯平台推广应用，绿色有机和地理标志农产品用标主体入驻率实现100%。

梅里斯达斡尔族区种植洋葱有着近30年的历史，是全国六大洋葱种植主产区之一，梅里斯也以"中国洋葱之乡"闻名遐迩。金秋八月，在梅里斯大八旗洋葱种植专业合作社的洋葱种植基地，工人们正在将刚刚采收下来的洋葱进行分拣、筛选、装袋，一袋袋带着泥土气息的新鲜洋葱被成排堆放在田地里，呈现一幅热闹的丰收画卷，农户脸上洋溢着丰收的喜悦，看似不起眼的洋葱，如今已经成为农民群众增收致富的"金疙瘩"。近年来，梅里斯达斡尔族区达乡洋葱产业专业合作社建成了全省"互联网+农业"高标准示范基地，合作社的物联网监测系统及洋葱产品已经成功对接中国大米产业网平台，从育苗、整地、施肥、农药使用、病虫害防治等各方面进行全程监控与追溯，对土壤温度、空气湿度等信息进行全程监测，实现洋葱产业从传统种植管理到物联网可追溯的转变，有力地保障了洋葱的高品质。

黑龙江省坚持以全面推进农产品质量安全省建设为抓手，因地制宜，综合施策，实施源头治理行动，加强产地环境与农产品质量安全协调监测，确保"产"的安全；实施农业标准化行动，发挥标准引领作用，构建现代农业产业体系、生产体系和经营体系标准新格局；实施信用体系建设行动，构建事前信用承诺、事中信用监管、事后信用评价的新型农产品质量安全监管机制。

未来，黑龙江省将坚持把发展质量农业作为加快农业强省建设的重要举措，着力构建高标准农业生产体系、高品质产品体系、高水平信誉体系和农业标准化创新体系，全面提升黑龙江省现代农业的综合效益和市场竞争力，让高质量成为黑龙江省农业新的代名词。

四、以"品牌农业"保障粮食生产效益

党的二十大提出要加快农业强国建设，品牌农业是题中应有之义。农业强，品牌必强。品牌强农，是农业高质量发展的迫切要求；是改善农业供给结构、提高农业供给质量和效率的现实路径；也是提升农业竞争力的必然选择。实施"品牌强农"战略，带动资本、科技、人才等要素向农业加速流动，不断塑造农业发展新动能新优势。培育一批叫得响、信得过的绿色食品品牌，推动黑龙江由大粮仓变成绿色粮仓、绿色菜园、绿色厨房。2023年1月召开的黑龙江省委农村工作会议强调，要大力实施现代农业振兴行动，进一步明确建设品牌农业的目标。按照省委省政府部署要求，省农业农村厅印发了《2023年全省品牌农业建设工作要点》，明确了2023年全省品牌农业工作任务。《黑龙江省支持脱贫地区打造农产品区域公用品牌实施方案（2023—2025年）》，明确了脱贫地区品牌农业建设体系。

近年来，黑龙江省以培育区域公用品牌为核心，以提升企业品牌价值为重点，带动农业产业链、价值链提升，品牌农产品的市场占有率和溢价能力快速提升。截至目前，全省农产品地理标志数量168个，入选中国农业品牌目录的有13个农产品区域公共品牌，黑河大豆入选农业农村部2023年农业品牌精品培育计划。2500多家生产主体入驻农产品质量安全追溯平台，实现了"从农田到餐桌"全程追溯；省级主要食用农产品质量安全例行监测总体合格率达到

振兴之路

"黑土优品"营销季主场活动（黑龙江省供销合作社联合社 供图）

98%；国家级绿色食品原料标准化生产基地达到6845.8万亩，绿色有机食品加工企业1203家，绿色有机食品认证数量3713个，位居全国前列。

（一）做实农产品区域公用品牌

黑龙江省在农业品牌建设方面取得了显著成果。黑龙江省第十三次党代会以来，省委、省政府全力谋划"1141"品牌体系和实施五大工程，以"黑土优品"为引领，加快推进品牌宣传和市场营销，提升了全省农产品的知名度和影响力。在农产品质量安全监管、农业科技创新以及品牌推广等方面也取得了重要进展，为加快农业农村现代化进程作出了积极贡献。"黑土优品"作为省级优质农业品牌，已经成为推动品牌农业高质量发展的关键环节，通过提升品牌形象和创新营销模式，有效推动了农业转型发展，提升了农产品的市场竞争能力。

1. "1141"品牌体系

黑龙江省构建了多层次的"1141"品牌体系,即1个省级母品牌("黑土优品")、10个地市区域公用品牌、40个县域特色农产品品牌、1000个企业产品品牌。这一体系实现了从省级到地方、从企业到产品的全方位覆盖。该体系有效整合了各类农业资源,提升了农产品的整体品牌价值和市场竞争力,发挥了农业品牌建设在农业农村现代化进程中的先导和引领作用,有效促进了一、二、三产业的融合发展。根据2024年区域品牌价值评价信息,黑龙江省的地理标志品牌如五常大米、佳木斯大米、庆安大米、方正大米、通河大米、延寿大米、九三大豆、海伦大豆等11个地标品牌上榜,品牌总价值超过1800亿元。

黑龙江省制定印发了《黑龙江省品牌农业建设工作方案》,形成"十四五"期间品牌农业建设总体规划。成立品牌农业工作专班,明确品牌质量提升、品牌孵化培育、品牌传播推广、品牌营销赋能、品牌保护利用五大工程工作思路,精准定位发展目标,确保品牌农业建设工作始终走在全国前列。

2. 五大工程

一是品牌质量提升工程。通过强化粮食质量安全监管,推进绿色生产,提高粮食品质。提升品牌形象、创新营销模式,通过实施农业生产"品种、品质、品牌和标准化生产"提升行动,完善现代农业全产业链标准体系,培育省级优质农业品牌"黑土优品",提升农产品市场竞争能力。"黑土优品"的溢价力与品牌农业发展的目标需求具有同向性,较高的品牌黏性与建设品牌农业所需的动力支持具有高度一致性。通过打造"黑土优品",集中展示新品种新技术的成果和数字化现代化成就,更好体现优美的寒地黑土、优良的生态条件和优秀的人文历史。

二是品牌孵化培育工程。扶持新兴农业企业和品牌,培育一批具有市场竞争力的粮食品牌。"黑土优品"作为黑龙江省品牌农业的宝贵财富,已经形成自上而下协同推进、良性发展的新局面。自 2022 年 8 月 15 日省级优质农业品牌"黑土优品"在黑龙江大农业投资交流会暨农业品牌发布会上重磅推出以来，全省把"黑土优品"品牌培育作为农业高质量发展的战略抓手，各地注重挖掘其优势特色和人文底蕴，坚持标识授权与保护并重，推动实现标准化生产、产业化经营、全过程监管。2022 年 11 月 28 日，黑龙江省农业农村厅印发《黑龙江省"黑土优品"农业品牌标识管理办法（试行）》。依据该办法，先后开展三批"黑土优品"标识授权使用申报工作，经农产品生产加工企业和农民专业合作社自愿申报、市县初审、专家评审、省厅审核，最后结果公示。截至目前，全省共有 283 家企业、672 款产品获得"黑土优品"标识授权，实现了十大品类全覆盖，其中大米产品 202 款、鲜食玉米 33 款、大豆制品 42 款、杂粮 95 款。"黑土优品"授权的粮食产品无论是总量规模、种类布局、产业基础，还是品牌影响力、溢价力，都达到了较高水平。

三是品牌传播推广工程。通过多渠道、多形式的宣传推广，提高"黑土优品"及其他农产品品牌的知名度和美誉度。全省各级党委和政府成立工作专班，压实责任目标，围绕"1141"品牌体系和"五大重点工程"，积极开展多种形式的品牌宣传推广和市场营销活动，"黑土优品"已成为全省热点和"热词"。农业企业品牌意识和市场观念发生重大转变，比以往更加注重品牌建设、更加注重品牌形象、更加注重品牌宣传。围绕农产品品质、地域特色、民族文化和农耕文化，挖掘品牌内涵，讲好品牌故事。农垦北大荒集团、龙江森工集团、农投集团等国有企业带头推动品牌建设，农投集团建设"黑土优品"展示中心和物流集散中心，支持品牌农产品宣传和物流配送。五常市乔府大院与电信、移动、联通三大运营商合作，推出专属彩铃，宣传"乔府大米"品牌，收到非常好的效果。

四是品牌营销赋能工程。通过电商平台、直播带货等新兴营销方式，拓宽农产品销售渠道，提高市场占有率和品牌价值。农垦北大荒集团和龙江森工集团与一些头部主播合作，在直播间推广优质农产品。这些企业还注重培养自有的主播团队，打造了一批懂产品、会营销的主播人才。他们不仅能够在直播间介绍产品特点和使用方法，还能与消费者互动答疑，增强消费者信任感。为了吸引更多观众关注，在直播形式上不断创新。例如，采用户外直播、工厂直播等形式展示农产品生产环境和加工过程；在直播内容上则注重故事性和情感共鸣的传递，讲述品牌背后的故事。

五是品牌保护利用工程。加强品牌保护，打击假冒伪劣产品，维护品牌形象和消费者权益。粮食质量安全监管不断强化，健全粮食质量监管体系，提升粮食质量安全等级，形成完整的绿色食品标准体系，建成完善的粮食质量安全追溯体系。农业科技创新不断进步，充分发挥科教大省资源优势，积极推进以种业为核心的科技创新。全国闻名的五优稻4号是五常大米的当家品种；黑龙江大豆富含蛋白质和氨基酸，品质优势明显。

（二）打造北大荒母子品牌体系

北大荒品牌的发展历程可以追溯到半个多世纪前。1963年影片《北大荒人》在全国公演，使得"北大荒"这一名称风靡全国。近年来，北大荒集团积极实施品牌建设战略，强化品牌意识，提升品牌竞争力，使"北大荒"品牌在国内外市场上享有盛誉。构建起了"从田间到餐桌"全产业链绿色有机食品供应渠道，以"北大荒+分公司区域品牌+子品牌"的金字塔模式，打造了"中国农业第一品牌"。北大荒农业品牌故事，不仅是一部农业现代化进程的史诗，更是中国农业品牌崛起的重要篇章。其独特的文化价值深植于品牌发展的每一个阶段，成为"中国农业第一品牌"的灵魂所在。

1. 母品牌"北大荒"的引领作用

近年来，"北大荒"品牌的价值实现了显著增长。以"北大荒"品牌为核心，

振兴之路

通过分公司区域品牌和子品牌的支撑和拓展，形成了强大的"品牌矩阵"。在金字塔的顶端，"北大荒"品牌作为母品牌，具有极高的知名度和美誉度；在金字塔的中部，分公司区域品牌依托地域特色和资源优势，打造了一批具有影响力的区域品牌；在金字塔的底部，子品牌则专注于某一特定领域或产品，通过精细化管理和创新营销，不断提升品牌竞争力。"北大荒"农业品牌的发展蕴含着丰富的文化价值。这种文化价值不仅体现在品牌名称、商标设计等方面，更深刻地体现在北大荒人的精神内涵和价值取向中。"北大荒"人自力更生、艰苦创业、勇于开拓、甘于奉献的精神，成为"北大荒"品牌的灵魂所在，始终传递着积极向上的社会正能量。

2. 子品牌的培育与发展

北大荒集团构建了以"北大荒"品牌为核心，分公司区域品牌为支撑，子品牌为基础的母子品牌体系。这一体系通过资源整合和品牌推广，实现了品牌

北大荒完达山乳业股份有限公司液态奶流水线（吴树江 摄）

价值的最大化。在"北大荒"这一母品牌的引领下,多个子品牌如"九三""完达山""丰缘"等也在各自领域内产生重要影响,共同推动了"北大荒"品牌的发展壮大。北大荒集团培育的多个子品牌,涵盖米、面、油、乳、薯、水、酒、肉等多个领域。这些子品牌各具特色,共同构成了"北大荒"品牌的丰富内涵。集团重点支持了一批具有市场潜力和发展前景的子品牌,其中与粮食相关的品牌包括"北大荒""九三""丰缘""建三江""北国宝泉47度"等。

"北大荒"品牌。截至2024年,"北大荒"品牌价值2315.98亿元,排名第40位。与2004年品牌价值17.91亿元相比,20年间增长了129.3倍。北大荒米业集团依托垦区2300万亩水稻种植基地,采用"龙头企业＋基地＋农户"的订单合作方式,为种植户提供科技指导、病虫害防治、农业机械等产中服务。北大荒米业集团有限公司年加工稻谷能力达到150万吨,拥有19条先进的大米生产线,遍布黑龙江优质水稻资源地区。"北大荒"品牌大米选用优质品种,经过严格的生产和质量控制流程,其品质通常较高,价格也因此得到提升。

九三粮油工业集团有限公司非转基因食用油生产线（王唯俊 摄）

"九三"品牌。"九三"品牌作为北大荒集团旗下的重要子品牌，其品牌价值达 733.09 亿元，在中国 500 最具价值品牌排行榜中排名第 157 位。九三粮油工业集团有限公司产品丰富，在大豆产业领域精耕细作，布局有机大豆产业，以优质的大豆开发煎炸油新产品与大豆粉末磷脂系列产品，满足终端消费需求。通过科技创新和产品优化，"九三"品牌在国内外市场上享有较高声誉，成为大豆油及相关产品领域的佼佼者。

其他知名品牌。"丰缘""建三江""北国宝泉 47 度"等品牌也均在中国 500 最具价值品牌排行榜中占据一席之地，品牌价值分别达到数百亿元不等。这些子品牌涵盖了米、面、油、杂粮等多个品类，满足了消费者多样化的需求。如"北国宝泉 47 度"依托地域特色和资源优势，打造了一系列具有影响力的区域品牌产品，这些子品牌迅速成长为行业内的佼佼者，带动当地农业经济的发展。

在母子品牌体系的建设过程中，北大荒集团始终注重文化的传承与创新。注重挖掘北大荒文化的内涵和精髓，将其融入品牌建设和产品推广之中，使消费者在享受优质产品的同时也能感受到北大荒文化的独特魅力，在提升品牌的附加值和竞争力的同时，增强了消费者对品牌的认同感和忠诚度。

（三）擦亮五常大米金字招牌

五常大米是全国唯一拥有"中国地理标志保护产品""原产地证明商标""中国名牌产品""中国名牌农产品""中国驰名商标"五项桂冠的大米品牌。2011 年，五常市被中国粮食协会授予全国唯一的"中国优质稻米之乡"称号，2024 年，在中国品牌价值评价榜单中，五常大米为 713.41 亿元，连续九年蝉联地标产品大米类全国第一。根据 2021 年 3 月 1 日《中华人民共和国政府与欧洲联盟地理标志保护与合作协定》，五常大米作为第一批清单 100 个中国产品同步在欧盟全境获得地理标志保护，2021 年 7 月，"五常大米国家地理标志产品保护示范区"获批筹建。五常大米作为中国大米界的"金字招牌",其品牌传播策略通过多渠道体验式宣传取得了显著成效,不仅提升了品牌价值,还实现了市场占有率的显著提升。

1. 线上线下相结合

建立官方主销渠道,线上与天猫、京东以及抖音商城开设五常大米官方旗舰店。在全国 30 多个城市建立五常大米实体直营店、专卖店、连锁店及配送中心 426 个,入超 2159 家。一是加强线上渠道营销。五常大米与电商平台合作,利用平台的流量优势进行品牌推广和销售,实现原产地直供,确保产品的新鲜度和品质。美团优选等电商平台数据显示,五常大米的线上销量增长显著。同时,进行社交媒体推广,通过发布五常大米的种植过程、产品特点、食用方法等内容,吸引消费者的关注和购买欲望,利用大数据分析消费者行为,进行精准营销,提高转化率。二是开设线下体验店。五常大米在全国多个城市开设官方体验店,如哈尔滨中央大街、北京、上海等地,通过实物展示、试吃体验等方式,让消费者直观感受五常大米的优质品质,在全国多个重点城市设立五常大米官方旗舰店和体验店,拓展线下销售渠道,方便消费者购买。

2. 体验式宣传

五常大米在国内多个重点城市开展推介活动,通过展会、品鉴会等形式,让消费者亲身体验五常大米的品质,增强品牌认知度和好感度,每年在广州、深圳、上海等城市开展推介活动 400 余次,邀请《人民日报》、新华社、中央广播电视总台等国家主流媒体及省、市相关媒体开展水稻全生长周期、稻米加工全过程宣传报道,讲好五常大米故事。一是开展以"五常大米体验官"为主题的节粮宣传活动。通过试吃体验、趣味游戏等方式,让市民在感受五常大米优质品质的同时,接受节约粮食的精神文化熏陶。二是积极参与国际大米节。如

振兴之路

参加第三届中国·黑龙江国际大米节，斩获多项大奖，提升了品牌知名度和美誉度。三是高端论坛指定大米品牌。五常大米成为中国企业家博鳌论坛、中国企业家发展年会等高端论坛的指定用米，进一步提升了五常大米的品牌形象和影响力。四是建设稻米文化博物馆。五常市建设稻米文化博物馆、稻米学院等，通过文化展示和教育体验，让消费者更深入地了解五常大米的历史和文化背景，增强品牌认同感。五是积极发展稻乡旅游。将五常大米产业发展与五常精神、文化、旅游深度融合，吸引游客前来体验，扩大品牌影响力。

黑龙江省以"黑土优品""北大荒""五常大米"为典型代表，通过实施"1141"品牌体系和五大工程，确定了品牌农业的发展方向和重点，为品牌农业快速发展提供了有力支撑，成功打造了一批具有市场竞争力的农产品区域公用品牌。比如，"黑土优品"品牌得到了广泛认可，成为黑龙江农产品的金字招牌。黑龙江省委、省政府出台了一系列政策措施支持品牌农业建设，为品牌农业的发展提供了全方位的政策保障。以"北大荒""五常大米"等为代表的一批典型品牌发挥了引领示范作用，这些品牌通过精细化管理和运营，打造出了具有鲜明特色和市场竞争力的优质农产品，为黑龙江省品牌农业的整体发展树立了标杆。近年来，黑龙江省旅游业火爆"出圈"，农文旅融合发展成为新趋势。通过推动农业和旅游业资源融合，开展观光游、研学游、民宿游等乡村游活动，不仅提升了农产品的附加值，还带动了乡村旅游的发展，为品牌农业的发展注入了新的活力。未来，黑龙江省将进一步完善品牌体系、提升品牌价值、拓展市场营销，切实加强政策支持与保障，推动科技创新与品质提升，充分发挥典型代表品牌的引领作用，打造出更多具有影响力的农业品牌，让越来越多的更绿、更香、更安全的黑龙江农产品销往全国、走向世界。

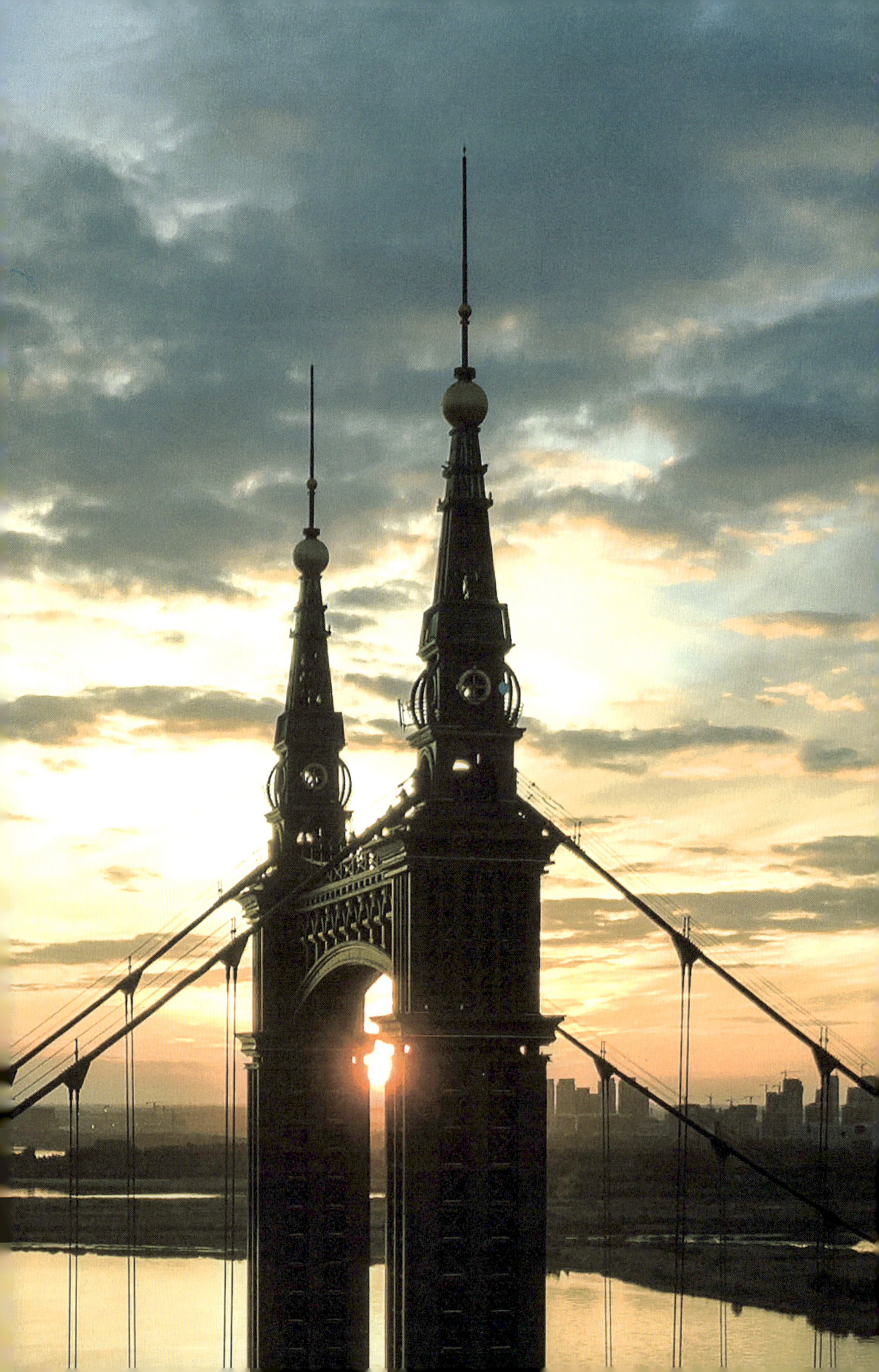

第四章

大力发展特色文化旅游

　　文旅共舞，交相辉映，共同奏响了传承人类文明光辉和创造人民美好生活的和谐乐章。大力发展特色文化旅游，给文化一个更广阔、更实际的传播平台，也让旅游内容更丰富、底蕴更深厚。党的十八大以来，习近平总书记高度重视文化和旅游融合发展。党的二十大报告提出："坚持以文塑旅、以旅彰文，推进文化和旅游深度融合发展。"2023年9月8日，习近平总书记在黑龙江考察时强调，发展旅游业是推动高质量发展的重要着力点；要大力发展特色文化旅游。黑龙江的特色文化旅游业正加快成为第三产业中最有活力和最具潜力的新兴、战略和支柱产业，成为黑龙江全面深化改革和高质量发展的新突破口。2023年全省实现旅游收入2215.3亿元，同比增长213.8%。特别是进入冰雪季以来，全省游客数量和旅游收入同比分别增长332.5%、898.3%，成为全国最热门的旅游目的地之一。

振兴之路

一、冷资源变身热经济，打造冰雪旅游新高地

"北国风光，千里冰封，万里雪飘。"毛泽东在《沁园春·雪》中描绘的壮丽雪景，恰是黑龙江冬季的真实样貌。很多人常说，一下雪，故宫就成了紫禁城，西安就成了长安，南京就成了金陵，而黑龙江不一样，一下雪，冰城变得更像冰城、雪乡变得更像雪乡，黑龙江就更像黑龙江了。黑龙江是全国最早发展冰雪旅游的地区，冰雪对于黑龙江，不仅是得天独厚的自然资源，更是全省加快振兴发展和打造品牌形象的"文化芯片"。

2016年3月，习近平总书记参加十二届全国人大四次会议黑龙江代表团参加审议时，首次提出"绿水青山是金山银山，黑龙江的冰天雪地也是金山银山"。习近平总书记的这一科学论断，可谓"思路一变天地宽"，为龙江的冰雪经济发展指明了方向。2018年9月28日，习近平总书记在深入推进东北振兴座谈会中的讲话中再次强调"要贯彻绿水青山就是金山银山、冰天雪地也是金山银山的理念"，要求我们深刻认识和利用好冰天雪地中所蕴藏的巨大经济价值、社会价值、生态价值、文化价值。为了贯彻落实习近平总书记重要指示精神，黑龙江省抢抓后疫情时代和后冬奥时代文旅市场强势复苏的有利机遇，因地、因时、因势大力发展冰雪经济，着力建设世界级冰雪旅游度假胜地、冰雪经济高地和国际冰雪合作示范区，推动冰雪优势转化为产业优势、经济优势、发展

第四章　大力发展特色文化旅游

2024年哈尔滨冰雪大世界（郭俊峰　摄）

优势，为高质量发展提供强劲动能。

2024年元旦假期和春节假期，黑龙江冰雪特色文化旅游人气火爆，热度屡创新高。根据《携程2023—2024黑龙江冰雪旅游报告》数据，黑龙江在2023—2024冰雪季相较于2019年创造了旅游人次145.59%的增长，旅游收入也创造了168.29%的增长，市场增速远超全国。哈尔滨也成为2024年的第一个网红城市。冰雪大世界自2023年12月18日正式开园，共运营61天，累计接待游客271万人次，成为"吃、住、游、娱、购"一体的综合性冰雪乐园。凭借超高的人气和绝美的景色，哈尔滨冰雪大世界广受国内外媒体关注和报道，成为名副其实的冰雪特色旅游行业领跑者。仅2024年元旦假期三天，全省累计接待游客661.9万人次，旅游收入69.20亿元，同比增长364.7%，高出全国增幅164

147

个百分点；哈尔滨市累计接待游客 304.79 万人次，实现旅游总收入 59.14 亿元，游客接待量与旅游总收入均达到历史峰值。2024 年冬季冰雪旅游的火爆局面不仅是"冰天雪地也是金山银山"的鲜活见证，更是黑龙江冰雪经济发展战略定位科学精准的印证。

（一）华丽蝶变：高质量发展的新增长点

中国的冰雪旅游起源于黑龙江。1963 年哈尔滨在全国率先举办了冰灯游园会，在 1985 年成功举办了首届哈尔滨国际冰雪节，开创了中国冰雪旅游的先河，成为中国首选的冰雪旅游胜地。2015 年北京冬奥会申奥成功，全国各地纷纷开始开发冰雪旅游资源，北京冬奥会后，随着"北冰南展，西扩东进"战略的实施，我国全力推动"三亿人上冰雪"，引爆了冰雪旅游市场，呈现井喷式需求。在黑龙江，特别是哈尔滨冰雪特色文化旅游实现了华丽蝶变，已经成为高质量振兴发展的新增长点。

习近平总书记强调，要大力发展特色文化旅游。把发展冰雪经济作为新增长点，推动冰雪运动、冰雪文化、冰雪装备、冰雪旅游全产业链发展。相关报告显示，到 2025 年，中国冰雪产业总规模预计将达到 1 万亿元。黑龙江省坚持立足冰雪资源优势和文化优势，找准长板、锻造长板，扩大冰雪产品优质供给，培育发展新模式新业态，构建现代化冰雪经济体系。哈尔滨冰雪旅游的爆火就是典型的成功案例。龙年春节期间，哈尔滨冰雪大世界、太阳岛雪博会、亚布力滑雪旅游度假区、哈药六厂版画博物馆等游客显著增多。远道而来的"南方小土豆"迅速"攻占"了特色餐厅、早市、洗浴中心等地，广西"小砂糖橘"、云南"野生菌"、宁夏"枸杞子"、北京"小烤鸭"、河南"小玉米"等纷纷到访哈尔滨，一时火爆各大社交平台。冰雪旅游的火热带动了相关产业的繁荣，如餐饮、住宿、交通等，为地方经济注入了新的活力。

第四章　大力发展特色文化旅游

发展特色文化旅游，就是要让北国边塞风光、冰雪资源为乡亲们带来源源不断的收入。2023年，习近平总书记来到了漠河北极村，走访了村民史瑞娟经营的民宿小院。他关切地向乡亲们了解当地发展乡村特色产业、兴边富民和乡村振兴等情况，并讲道："北极村的发展和群众的生活状况好，看了很高兴。"习近平总书记还强调："坚持林下经济和旅游业两业并举，让北国边塞风光、冰雪资源为乡亲们带来源源不断的收入。"习近平总书记的走访使这间本就火爆的民宿，更是迎来了络绎不绝的游客，甚至整个北极村的民宿都出现了一房难求的局面。

黑龙江省坚持文旅融合发展，推动冰雪经济向全产业链延伸，促进"冰雪＋文化"产业深度融合，做到"以文塑旅、以旅彰文"，通过发展特色文化旅游，助力打造冰雪旅游度假胜地和冰雪经济高地。陆续开展了"齐齐哈尔雪地观鹤节""大庆雪地温泉节""伊春森林冰雪欢乐季"等数百个文旅活动，将各具特色的黑龙江冰雪"文体旅盛宴"展现得淋漓尽致。使东北特色地域文化和冰雪元素交相辉映，体现自然之美与人文之美。黑龙江省坚持市场化运营、标准化建设、规范化管理、智慧化赋能，制定实施旅游业高质量发展规划，开展夏季避暑和冬季冰雪旅游"百日行动"，推动旅游产品朝着高端化、智能化、绿色化、品牌化的方向发展。

黑龙江省特色文化旅游全球推介会于2024年6月24日晚在齐齐哈尔市举行。省政府领导表示，黑龙江省坚持守正创新、提质增效、融合发展，统筹政府与市场、供给与需求、保护与开发、国内与国际、发展与安全，加快完善现代旅游业体系，高质量发展全域全季旅游，着力打造冰雪经济新的增长点，拓展放大溢出效应，推动旅游与文化、体育、康养、装备等一、二、三产业融合发展，奋力谱写旅游强国建设龙江新篇章。

旅游是一种能够深入了解人类文明历史的重要途径，还可以为人们的生活涂抹绚丽的色彩。越来越多的游客来到黑龙江，除了欣赏壮美雪景，还想

振兴之路

黑龙江上冰雪活动如火如荼（郭俊峰 摄）

要体验冰雪运动的乐趣。习近平总书记指出，建设体育强国、健康中国，最根本的是增强人民体质、保障人民健康。这是全面建设社会主义现代化国家的一个重要方面。黑龙江省借力冰雪旅游推动普及冰雪运动，建设利用好冰雪场地设施，鼓励更多的青少年参与冰雪运动，把人民群众冰雪运动热情激发起来、保持下去。细数中国冬奥史上获得的 22 枚金牌，黑龙江籍冠军就占了 13 位。充分发挥冬奥冠军的名人效应，可以带动冰雪旅游的发展和冰雪品牌的打造。七台河市紧紧围绕"奥运冠军之城"的美誉，以冠军文化为灵魂，以冰雪游乐项目和体育赛事为引爆点，开启"冰雪 + 体育 + 文化 + 旅游"融合发展新模式，将冠军元素融入城市景观、产品中，带动冰雪旅游和冰雪运动高质量发展。

第四章 大力发展特色文化旅游

（二）火爆"出圈"：交出文旅大考新答卷

有网友形容 2024 年冬天哈尔滨的现象级爆红是"夏淄博、冬尔滨"。然而这泼天富贵，哈尔滨是怎样稳稳地接住，并不断释放其溢出效应的呢？

首先，这是一场政府治理能力的"大练兵"。在东北，家里来"且"，主人都会端出最"硬"的菜，哈尔滨对待外地游客更是如此。2024 年元旦假期，哈尔滨机场运送旅客 20.5 万人次，哈尔滨铁路局集团公司发送旅客 144.6 万人次，冰雪大世界开园至今日均游客超 3.7 万人，最高超 6.5 万人。针对有网友反映哈尔滨酒店涨价的情况，哈尔滨市政府组织召开哈尔滨市冬季旅游提升宾馆酒店

冬季的中央大街（郭俊峰 摄）

振兴之路

服务质量座谈会,要求宾馆酒店经营企业要珍惜旅游市场转暖升温机遇,带头加强行业自律,主动承担社会责任,切实提升服务意识。宾馆酒店经营企业要做到不过度浮动价格、不盲目调整价格、不虚高标注价格,真正提供质价相符的优质服务,让外地宾客切实体验到哈市的大气和货真价实。与此同时,公安交管全天候值守中央大街,保障游客出行安全;城管队伍随时待命,清理路面积雪积冰;地下通道冰雪湿滑,由于担心南方游客摔倒,在多个地方的台阶楼梯铺上防滑地毯。哈尔滨各级组织和广大党员干部深入景区景点一线,当好外地游客的"服务员",及时解决游客反映的问题,做到边改边完善,市场环境秩

哈尔滨市民免费接送南方小土豆(陈南 摄)

序井然，食住行游购娱物资保障充足，而且创意不断、好戏连台，展现出超强的组织动员能力和社会治理能力，也进一步密切了政府和人民群众的关系。

其次，这是一场市民素养的大培育。如果说哈尔滨的冬季旅游"爆火"是泼天富贵的话，那托举和承载这一切的一定是哈尔滨人无限的真诚和热情。据多位来到哈尔滨旅游的网友分享，这座城市的市民们生怕自己的东北话和大嗓门"凶到南方朋友"，普遍使用了更为柔和、娇滴滴的"夹子音"。"温柔的夹子音"在哈尔滨已经成为一种新的语言趋势。这种独特的语言风潮不仅展现了哈尔滨市民的热情好客，也提升了哈尔滨市民的文明形象和城市的知名度。为了缓解公共交通运力不足的问题，哈尔滨爱心市民自发组织免费接送游客，为了方便游客识别免费接驳车辆，很多车辆还贴了"免费接送南方小土豆"的爱心车贴，并在网站上发布视频留下了自己的电话号码。网友纷纷点赞说"东北人都是活雷锋原来是真的"。中央大街上1100多家商户自发在门口张贴"温暖小屋""免费热水"等标识，为往来游客提供取暖歇脚之所。这种"掏心窝子对你好"的热情是东北人招呼客人独特的方式。用哈尔滨市民的话说那就是"我们想把能给你看的、能给你吃的、能给你喝的全都给你"。从制定旅游攻略到免费接送游客，从群众自发的志愿服务到各大协会引发的全城动员，哈尔滨市民处处以客为先、以客为尊、以客为友、以客为亲，用真诚和淳朴表达着对游客的欢迎和善意，展现了这座城市的魅力和人文气息。人与人之间的情感流动，让这座冰雪之城变成温暖之城。在一声高过一声的夸赞中，哈尔滨市民主人翁意识和城市自豪感也油然而生，形成无声的力量滋养反哺着一方民风。

同时，这也是一场城市特质的大彰显。在这一次的哈尔滨火爆出圈中，这座城市的文化底蕴是吸引游客的根本，是接得住、站得稳的底气。许多经典建筑成为游客的网红打卡地。拜占庭风格的索菲亚教堂花样层出不穷，因为搬来了人造月亮而刷屏各大网络社交媒体，老道外的中华巴洛克街区因冰玫瑰墙而更加浪漫，被称作"建筑艺术博物馆"的中央大街更成为中外游客的秀场，全

振兴之路

息裸眼 3D 的魔法列车、可以讲述哈尔滨历史故事的 AI 冰箱贴又带来了传统与新潮的碰撞。创意，点燃了"冬天里的一把火"，而这把火的原料是哈尔滨的"地利"。特殊的地理位置和历史渊源，造就了哈尔滨独特的城市文脉、建筑艺术，才有了阳明滩大桥如"霍格沃茨"般的神秘、"北境之城"的梦幻。在这个冬天，游客的身影不仅只停留在冰雪世界，历史遗迹和城市文化也同样被关注。在侵华日军第七三一部队罪证陈列馆，小讲解员用稚嫩的声音，让中外游客聆听了烙印在中国人民心头的沉重历史。"国防七子"中哈工大、哈工程"开门迎客"。还有先辈们曾用热血谱写的东北抗联精神，用开疆拓土孕育的北大荒精

冬季的索菲亚教堂（陈南 摄）

神，用石油工人的坚韧铸就了的大庆精神（铁人精神），都通过游客的网络宣传得以广为人知。这座城市所蕴含的音乐文化、科教实力、民族融合这些特质被深度挖掘并充分彰显，提高了城市的辨识度和吸引力。

最后，这还是一场经济效益和社会效益的大丰收。从哈尔滨人对游客的称呼由"南方小土豆"变成了"南方小金豆"，就可以看到哈尔滨的冰天雪地带来的流量和热度已经转化成了真金白银的旅游收入。外地游客打车需求暴涨5倍，红肠寄件元旦前后涨了近4倍，"道里菜市场"搜索量暴增8倍，带动A股东北振兴概念活跃等。春节假日哈尔滨文旅在线消费规模在东北地区排名第一，日均文旅消费规模较去年同期同比增速为130.2%。冰雪旅游不但给哈尔滨带来了税收、就业和GDP，也带动了一向不温不火的哈尔滨楼市。2023年12月至2024年1月，非哈市人员在哈购房共4650套，同比增长94%。相关数据显示，受冰雪游不断趋热影响，哈市租房市场成交量也在不断攀升。毫无疑问，哈尔滨的爆火是经济和社会效益的双重大丰收，这正是"冰天雪地也是金山银山"在黑龙江的生动诠释。

（三）"爆红"背后："真功夫"不是一日炼成的

哈尔滨在深度总结年初淄博烧烤、年中贵州"村超"经典案例的基础上，找到了自己的解题思路，实践并形成了集党委统一领导、政府"经营"环境、企业"经营"市场、百姓"经营"文化的基本经验。不仅为黑龙江冰雪旅游大发展开了一个好头，也为把"尔滨爆红"变成"龙江长红"、把"流量"变成"留量"，共同擦亮"冰雪之冠、大美龙江"金字招牌打下坚实的基础，向着打造全国乃至世界级冰雪旅游目的地迈出了关键一步。

哈尔滨冰雪旅游的爆火，首先离不开党委统一领导，组织构建多方协同联动机制。哈尔滨市委把发展冰雪旅游作为推动高质量发展、可持续振兴的重要

振兴之路

抓手,加强顶层设计、完善发展思路,全面构建起党委领导、政府负责、专班推进、社会参与的组织体系和运行机制,保障了整个"冰雪季"顺畅高效运行。哈尔滨的"冰雪季"始终是"一把手"工程,市委书记亲自抓,书记专题会研究重大问题。制定"冰雪季"活动方案、促进冬季冰雪旅游业高质量发展"百日行动"实施方案、促进特色文化旅游高质量发展"十大行动"方案(2023—2025年),形成政策支持、活动策划、市场监管互为支撑的制度体系。强化"冰雪季"组委会与市旅游联席会议的协同工作,由市长负总责,组委会下设8个专班,由市委常委或副市长负责。对市旅游联席会议机制和流程进行高标准重塑,以调度各项工作、解决各类问题、处理突发事件、完善机制流程。统筹调度、大力支持新就业组织、新经济组织、新社会组织的党组织发挥党建引领作用,推动行业自律、企业合规和志愿活动的有序开展。

中央大街街景(陈简 摄)

第四章　大力发展特色文化旅游

哈尔滨冰雪旅游的爆火，同样离不开政府"经营"环境，让管理融入服务。环境既是形象，也是生态，更是生产力。首先是给予政策支撑、培育业态。以全域旅游总体规划为引领，聚焦促进特色文化旅游高质量发展，围绕创意设计赋能、国际赛事虹吸、市场主体壮大、新兴业态培育等10个方面制定配套支持政策，推动冰雪经济全产业链升级、企业持续壮大、新产品和新业态不断涌现。其次向新闻媒体公开，形成浓厚氛围。由文旅部门牵头，发挥文旅、交通、市场、公安、城管五大执法专班作用，形成全线联动、快速反应、妥善处置的执法监管态势。调动各区、县的力量，形成齐抓共管良好局面，进一步提升服务保障水平。还要搭建平台、放大效应。为了提升冰雪体验，提供优质冰雪旅游产品，坚持以游客为中心，聚焦消费新需求，在优化产品供给方面想办法、见实效。

同时哈尔滨市还抓住承办第九届亚冬会重大机遇，以"约会哈尔滨·冰雪暖世界"为主题，以"龙年游冰城·一起迎亚冬"为主线，统筹全市资源倾力打造"哈尔滨冰雪季"，推出冰雪节庆、冰雪文化、冰雪艺术、冰雪体育、冰雪经贸、冰雪时尚、群众冰雪七大板块和百余项冰雪活动，实现冰雪经济由旅游向文化、体育、教育、经贸等产业拓展。通过整合冰雪景区、城市品牌、主题活动等各类旅游资源，持续提升亚布力滑雪节、第四届哈尔滨采冰节、第40届中国·哈尔滨国际冰雪节等品牌活动影响力。精心打造冬季精品旅游路线和产品，设计推出"冰雪节庆之旅""冰雪研学之旅""冰雪摄影之旅"等8大文旅套餐，更好满足"家庭亲子游""情侣体验游""观光摄影游"等各类游客多元化需求。推出"哈亚雪"黄金线、"梦幻冰城游"等10条精品旅游线路，与牡丹江市联合推出的"林海雪原·北国风光"在创意设计上持续发力，独具冰城特色的创意产品获得市场热捧。此外，还组织了哈尔滨美食购、美食菜品展、美食烹饪邀请赛等活动，让游客畅享冰城"味道"；集中推出精品文艺演出、群众文化活动，开发冰情雪韵文创产品，持续拉动文旅消费。

哈尔滨冰雪旅游的爆火，也离不开企业"经营"市场。政府知分寸、懂边界，相信市场的力量和企业家能力，坚持用市场化方式运营，让国企成为主力担当。对全市所有国有属性的经营主体进行战略重组，把最负盛名的冰雪大世界、马迭尔、亚布力、太阳岛等 IP 完全交由新组建后的马迭尔文旅投资集团独立运营，实现百亿级集团带动千亿级产业。换了"东家"的冰雪大世界，运营管理完全市场化运作，项目占地面积 81 万余平方米、用冰量达到 25 万立方米、大小景观数量 1000 余处，创造了吉尼斯世界纪录。像国网黑龙江电力共产党员服务队在索菲亚教堂景区设立了电力"能量小站"；哈尔滨交通集团增设"爱心驿站""爱心候车屋"，提供免费热水、充电、候车服务；哈药集团延长营业时间提供姜枣茶、设置休息区都是基本操作；旅拍企业创造了"飞马踏冰"、马迭尔集团升起了人造月亮、极地馆放出了"淘学"企鹅、旅行社设计了奶茶杯套明信片、甜品店推出了教堂造型蛋糕。一个个企业主导的新场景、"金点子"频频登上热搜，让旅游热点从核心景区走向全城皆景，让更多行业尝到了甜头、有了奔头。哈尔滨市还着力规范旅游市场秩序，统筹推进落实"文旅体验官"、旅游企业"首席质量官"等制度，旅游专线诚信指导价，加强网上舆情和涉旅投诉处理，做到见雷扫雷、见假打假、见错纠错，有力维护游客合法权益，倒逼旅游企业提升品质，为广大游客营造安心舒心放心的旅游环境，进一步擦亮"冰雪旅游"的金字招牌。

哈尔滨冰雪旅游的爆火，还离不开百姓"经营"文化，让群众变成主体。宣传文化工作本质上就是群众工作，哈尔滨"冰雪季"的宣传推介、舆情管控，都充分发挥了游客和网民的主体作用，让群众成为文化的推介者、体验的分享者、创意的制造者、舆论的引领者。全城征集冰城故事和短视频让市民当主角，开展知名网红、达人"大V"冰城行活动，全国网友实现了对冰雪大世界场景设计的"云参与"和建设过程的"云监工"；事件处理及时向网友"直播"，保障公众的知情权，注重青年意见领袖的发现培养和队伍建设，青年意见领袖利用在各自领域的影响力、号召力，从不同角度起到了还原真相、解读政策、引导情绪的奇兵作用。同时，哈尔滨市政府为人民群众表达权力和分享需求创设场景、提供话题。把握传播时效，根据治理重点，两次发出《致全市人民的一封信》，引发全民服务热情、全城动员热潮，一个个"活雷锋"话题被别开生面的多元解构。

黑龙江省特别是哈尔滨市冰雪旅游火爆"出圈"，是一场贯彻落实习近平生态文明思想和"两山论"的生动实践。政府作风的转变、旅游景区的创新以及市民素养的展现，不仅让哈尔滨的营商环境得到网友一致好评、改变了各地游客对东北地区的刻板印象，更引发了广大网友对共和国长子几十年来奉献担当的强烈共情，以及对东北振兴发展的关注。让新时代新征程推动黑龙江乃至东北全面振兴更加深入人心，发展信心决心更加坚定不移。在国务院办公厅最新一轮对全国各省级政府和重点城市一体化政务服务能力评估中，哈尔滨排名升至"非常高"组别，位居全国"第一梯队"，营商环境持续向好。

"白色的冰雪覆盖着黑色的大地，而生长出来的，永远是绿色的希望。"随着人民群众参与冰雪旅游的热情日益提高，我国冰雪旅游呈现井喷式发展，区域之间竞争也呈现日趋激烈态势。未来黑龙江全省将全力巩固冰雪旅游的优势地位，深入把握游客需求的个性化、多样化特点，坚持深化旅游业供给侧结构性改革，整合优势冰雪旅游资源，强化创意设计赋能，增加中高端冰雪产品供给，全面提升服务质效，精准匹配游客需求，提升游客参与性和体验性，加快打造世界级滑雪旅游度假区，加快建设国家级、省级滑雪旅游地，培育具有国际竞争力的冰雪骨干企业，打造知名度高、口碑好的冰雪品牌，提高冰雪产品质量和服务水平。同时，针对冰雪旅游季节性较强的特点，注重依托数字化、网络化、智能化培育"四季冰雪"新业态，坚持"在冬谋夏、以冬促夏"，让游客既能在冬季赏冰乐雪，又能在夏季避暑消夏，推动形成全域全季旅游新格局，以哈尔滨的"爆红"带动起全省冰雪旅游的"长红"。

振兴之路

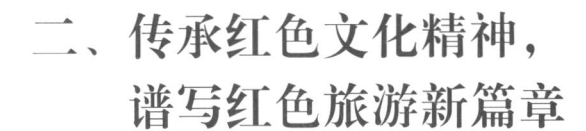

二、传承红色文化精神，谱写红色旅游新篇章

2024年，伴随"尔滨"冰雪旅游热，黑龙江省红色旅游也迎来了新热潮。五一假日期间，侵华日军第七三一部队罪证陈列馆每日网上预约均满额，场馆前排队队伍依旧壮观，三五成群的参观者中遍布年轻人的身影。据统计，5天假期，该馆累计接待观众6.58万余人次，比2019年同期增长42.85%，比2023年同期增长31.32%。黑龙江地处祖国边疆，是一片具有光荣传统的红色沃土。这片土地见证了14年抗战的艰苦卓绝、社会主义建设的无私奉献、改革开放新时期的光辉历程。黑龙江红色文化资源丰富，承载着浓厚的红色基因，发展红色旅游对于赓续红色血脉、凝聚精神力量具有特殊意义和重要价值，同时也为提升特色文化旅游品质注入强大能量。

（一）书写新时代文旅华章

站在江河入海的时空坐标上，回顾奔腾不息的历史长流。黑龙江，作为马克思主义向中国传播最早的前沿阵地之一，是马克思主义传入中国之大潮中不可或缺的一条河流。马克思主义作为无产阶级革命理论在黑龙江进行传播的最早渠道是通过中东铁路，以哈尔滨为中心开始的。1897年中东铁路开始修筑，

1903年全线通车。这条铁路虽然是沙俄侵略和掠夺中国的工具，但客观上加强了两国联系，是俄国革命信息传入中国的重要通道。从中东铁路修建开始，大批俄国、中国、意大利等国工人为修建铁路而辛苦劳作。仅1899—1900年，就有17万劳动群众忙碌在这条铁路上。他们既是一支庞大的产业工人队伍，也是无产阶级革命的生力军。1898年俄国社会民主工党建立后，尤其是1903年列宁领导的俄国社会民主工党（布尔什维克）成立后，便注重对中东铁路这支工人队伍进行无产阶级革命理论的宣传和武装。作为中东铁路枢纽、工人集聚地的哈尔滨也因此成了马克思主义传播的中心。

哈尔滨中东铁路公园位于现在的道里区森林街至大新街段，以中东铁路相关元素为主题，连接江南和江北，是市民休闲、观光和健身的好去处。在这里人们可以了解火车的历史，感受时代的变迁和科技的发展。公园分为南北两区，南区以"铁路与城市"为主题。其保留铁路历史痕迹，通过铁路线东侧折线的路网形成绿色生活轴线，将铁路文化与生活完美地结合起来。北区以"中东铁路文化展示"为主题。通过滨洲铁路桥、碉堡、老火车站造型的铁路博物馆、站亭、铁轨、蒸汽机车等中东铁路建筑及设施，以及景墙、标志、雕塑与展示空间，系统展示中东铁路建设发展历程与哈尔滨城市发展历史。

还有中东铁路印象馆，它是迄今为止我国以中东铁路历史文化为题材的最大展馆。展馆通过场景复原、多媒体、3D模拟、历史档案、图片、文物等手段，再现了中东铁路建设史，呈现老哈尔滨的老城岁月、华洋商埠和侨民风情。印象馆内一张张黑白照片，一件件珍贵的历史古物，讲述着中东铁路的百年沧桑。

1907年俄历5月1日这一天，3000多位中俄工人会集在一起，庆祝五一国际劳动节，这是中国工人第一次庆祝五一国际劳动节。1917年，俄国十月革命成功的消息最早沿着中东铁路传到哈尔滨，一条从中国东北通往苏俄和共产国际的"红色之路"由此形成。早在1919年，共产国际就在黑龙江设立了秘密交

振兴之路

通站。1921年以后，往来于中国与苏俄两国之间的革命者与日俱增，特别是中国国内一些具有初步共产主义思想的知识分子和后来的共产党人，为学习俄国

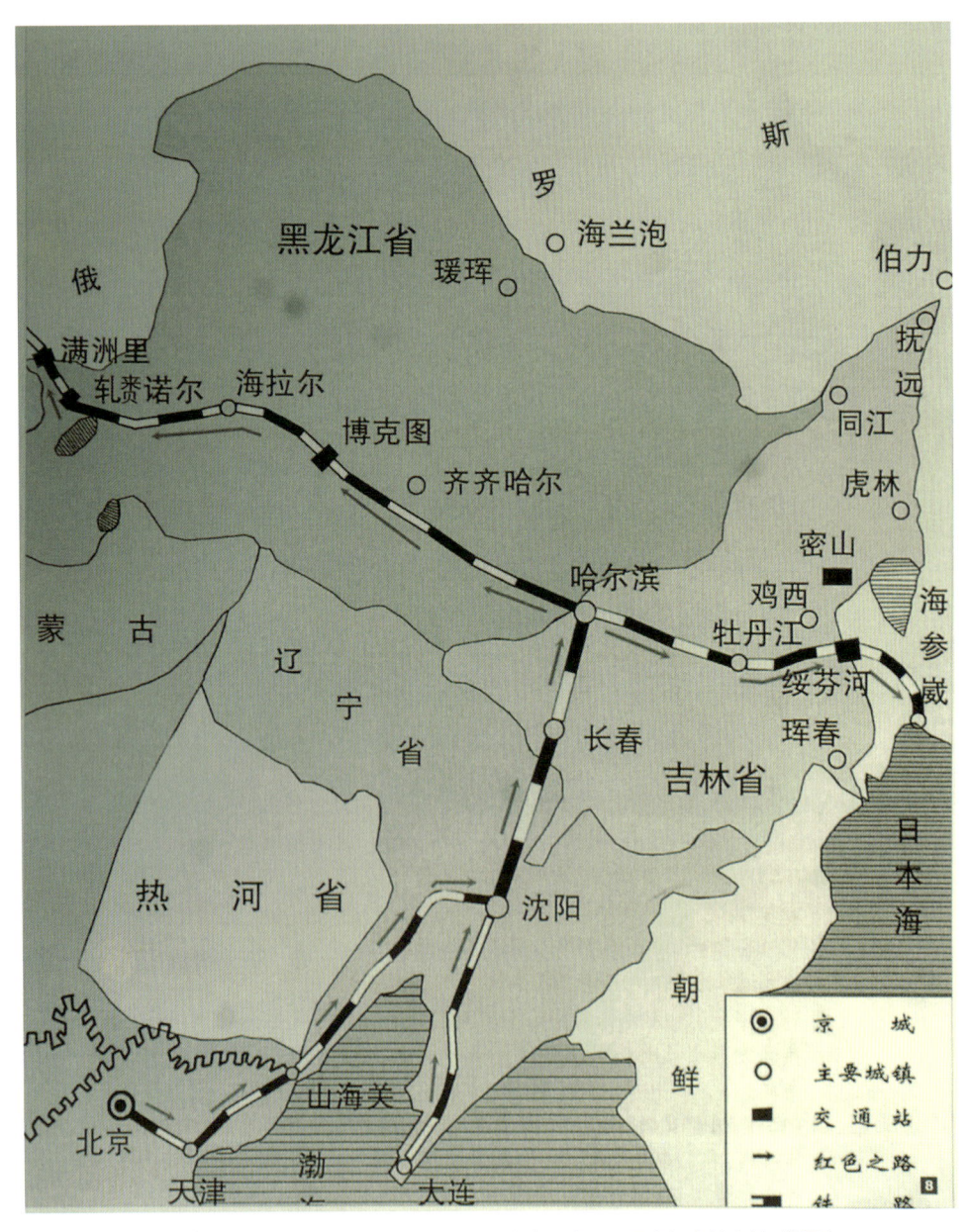

"红色之路"——中共六大代表前往莫斯科的主要线路示意图（黑龙江省档案馆 供图）

的革命经验，抑或参加共产国际会议和活动，大多途经哈尔滨，并经由中东铁路前往苏俄。党的二大后，为加强同共产国际的联系，党在绥芬河等地建立了国际地下交通线，绥芬河国际交通站成为中共经"上海—哈尔滨—绥芬河—符拉迪沃斯托克（海参崴）—莫斯科"这一红色地下交通线上的重要枢纽，先后有陈独秀、李大钊、罗章龙、刘清扬、周恩来、邓颖超等中国共产党人往返苏俄。1928年6月18日至7月11日，党的六大在莫斯科近郊兹维尼果罗德镇"银色别墅"召开，这是大革命失败后中国共产党在重大历史关头召开的一次全国代表大会，也是中共历史上唯一一次在境外召开的全国代表大会。在中国革命面临着生死存亡的关键时刻，有142名代表陆续到达了哈尔滨，由哈尔滨再分头向东、向西经过绥芬河或满洲里，到达遥远的莫斯科参加党的第六次代表大会。绥芬河、满洲里等地下交通站也成为接送六大代表出入境的秘密通道。

黑龙江这条见证党史的"红色之路"不仅拓宽了马列主义在中国早期传播的渠道，密切了共产国际与中共的联系，推动了中国共产党的建立和发展，为中国人民和中华民族的解放事业作出了重要贡献，也成为黑龙江省宝贵的红色文化旅游资源。回望历史，曾经见证屈辱的中东铁路，却带来了马克思主义在中华大地的传播和发展。正是有了这条红色之路，马克思主义和十月革命的火种才能从遥远的欧洲播撒到中国大地，照亮了中国马克思主义者探索前行的道路，点燃了中国共产党的革命火种。

（二）树立"网红"热地

红色精神是永不褪色的伟大旗帜。追寻先烈的足迹，一个个革命旧址，一段段红色故事，将人民与先烈联系起来。1931年11月4日，江桥抗战成为中国人民正面抗击日本侵略者的第一次战役，打响了中国人民抗日斗争的第一枪。在极端艰难困苦的岁月里，东北抗日联军独立坚持游击战争14年之久，牵制了

振兴之路

数十万日伪军，涌现出杨靖宇、赵一曼、赵尚志等一大批可歌可泣的英雄人物，为中国人民抗日战争和世界反法西斯战争的胜利作出了重大贡献。眺望龙江莽莽林海，不仅是满眼苍翠的美好风光，更有着无数抗联英雄的光辉足迹，闪耀着东北抗联精神不可磨灭的光芒。浩瀚林海，白雪皑皑。艰苦卓绝的14年抗战，率先在白山黑水间打响，东北抗日联军不畏牺牲，前仆后继，与敌人浴血奋战，为中华民族抗日战争的胜利作出了卓越贡献。抗日将领赵尚志率领抗联部队，远征松嫩平原，爬冰卧雪，风餐露宿，作战百余次，打破了日伪军一次次的重兵"讨伐"和"清剿"。英勇无畏的赵尚志和抗联部队令敌人胆寒，"小小的满洲国，大大的赵尚志"，是日本侵略者发出的无奈感叹。1942年2月12日，赵尚志在率部与敌人作战时身负重伤被俘，宁死不屈，痛斥敌人，最终英勇就义。这种勇于牺牲的大无畏精神在东北抗联史上写下了可歌可泣的篇章。

位于哈尔滨的东北烈士纪念馆内，展示了杨靖宇、赵尚志、赵一曼等抗日

东北烈士纪念馆（东北烈士纪念馆 供图）

第四章　大力发展特色文化旅游

"黑土英魂——东北抗日战争和解放战争时期烈士事迹陈列"主题雕塑（东北烈士纪念馆 供图）

英雄浴血奋战的光辉事迹。与之紧邻的东北抗联博物馆是国内首家全面反映东北抗联14年英勇战斗历程的综合性博物馆。两馆形成完整的展览体系，生动、全面地向世人讲述着东北抗日英雄的战斗故事。东北烈士纪念馆和东北抗联博物馆所在的一曼街，正是以赵一曼烈士命名的，沿着这条街行进，能直达以赵尚志将军命名的尚志街。这里既是商业街，更是追溯革命精神、缅怀英雄先烈的红色地标。

行走在黑龙江，可以发现，这里处处蕴藏红色印记。为缅怀赵尚志、赵一曼等革命烈士，尚志市的烈士陵园早在1986年就设立了赵尚志、赵一曼烈士纪念馆，展览以突出反映两位烈士事迹为主，同时介绍东北抗日联军第三军史实。纪念馆现有文物200余件，其中国家级文物49件，包括赵一曼使用过的铜勺、赵尚志的书箱、李兆麟的衣箱、毛泽东与谢觉哉给东北抗联吕老妈妈的请柬、田仲樵的书箱等，以及抗联将士回忆录、档案、革命历史文献等。设立的抗联三军师级烈士纪念碑、珠河抗日游击队纪念碑坐落在陵园内北侧，碑文简要介绍了1933年赵尚志、金策等同志创建珠河抗日游击队，后部队扩建为东北抗日联军第三军顽强抗击日本侵略军的事迹。

牡丹江，也像一本厚重的历史教科书，承载了英雄之城的发展变迁。杨子

振兴之路

荣,就是这座城智勇双全的英雄,真实的战斗故事,伴随着小说《林海雪原》的问世,红色印记终被历史定格。《林海雪原》是作家曲波根据自己的亲身经历创作的长篇小说。小说一问世,就在社会上就引起了强烈的反响,根据这部小说改编的京剧、话剧、电影、电视剧,也都很受欢迎。杨子荣的传奇故事,也成了陪伴许多人成长的经典记忆,他有勇有谋的形象也深入人心。

在黑龙江省海林市海林镇的东山上,坐落着杨子荣烈士陵园。杨子荣原名杨宗贵,1917年生于山东省牟平县嵎峡河村,1945年参加八路军,历任战士、班长、侦察排长等职,同年11月加入中国共产党。从1946年2月进驻海林剿匪,他参加大小战斗上百次,多次立功受奖,被评为"侦察英雄""战斗模范"。1947年,一举将"座山雕"等25个土匪全部活捉,创造了深入匪巢以少胜多的战斗范例。1947年2月23日,杨子荣在追歼顽匪郑三炮、丁焕章时,因天气严寒,其手枪枪栓冻结不能击发,被敌弹击中,不幸壮烈牺牲。在杨子荣烈士陵园的山顶上,矗立着10米高的革命烈士纪念碑,碑后面安葬着杨子荣、马路天、高波和孙大德四位烈士。由纪念馆通往山顶墓区的131级花岗岩甬道台阶,寓意着英雄们奠基的共和国百年基业和杨子荣牺牲时31岁。在甬道下端两侧修建"小分队滑雪进山剿匪"和"活捉三代惯匪座山雕"两面刨铜浮雕,广场中间的大型红色五星象征着革命和胜利。

杨子荣纪念馆位于陵园中央,始建于1975年,以东北剿匪斗争历史为铺垫,将杨子荣的英雄壮举、传奇故事和英雄土地的沧桑巨变展示给世人。全馆共展出杨子荣烈士遗物和其他文献、实物214件及照片、题词、绘画等254余幅。包括写真场景"杏树村战斗""活捉座山雕""血洒闹枝沟",复原景观"曲波书房""杨子荣故居"等。

丰碑永铸励后人。伴随着红色旅游的蓬勃兴起,每天都有千余名牡丹江的党员群众来到杨子荣烈士陵园,祭奠缅怀先烈,铭记光辉历史,重温入党誓词,传承红色基因。那段曾经"穿林海跨雪原,气冲霄汉"的可歌可泣的英雄事迹,

第四章　大力发展特色文化旅游

正在被越来越多的人传颂，这里也成为广大人民群众特别是青少年了解党史、培养爱国情感、陶冶道德情操的重要课堂。

历史不容忘却，警钟时常回响。哈尔滨侵华日军第七三一部队罪证陈列馆见证着那段永远不会忘记的腥风血雨。侵华日军第七三一部队始建于1933年，曾以石井部队、东乡部队、关东军防疫给水部等名义活动，犯下了细菌战、人体实验等战争罪行。第七三一部队罪行陈列展览，总面积2680平方米，包括13个展室，1个殉难者长廊和国际图书资料展示中心，以大量文物、文献等证据控诉了七三一部队的细菌战和人体实验罪行。2011年，该馆与中国人民解放军防化指挥工程学院等单位联合举办了"阳光下的罪恶——侵华日军化学战罪行展"，展览面积720平方米，展室6个，全面揭露了七三一部队及其他部队进行

侵华日军第七三一部队罪证陈列馆（陈南　摄）

振兴之路

侵华日军第七三一部队罪证陈列馆（陈南 摄）

化学武器实验、化学战、战后贻害及对日诉讼等有关历史事实，社会反响良好。七三一遗址是爱国主义、世界反法西斯战争教育的重要阵地，是开展和平教育、国防教育的重要阵地，也是记录历史、警示世人的重要阵地，更是落实中央关于"牢记历史、不忘过去，珍爱和平、开创未来"精神的重要历史遗址。

缅怀和歌颂英雄不仅是对英雄的永恒纪念，更是对英雄的精神传承。英雄不朽，他们的英勇事迹就像一面面光辉的旗帜，指引和激励着黑龙江人民继续艰苦奋斗，创造美好的未来。

（三）抒发"油城"文旅恋曲

习近平总书记对旅游工作作出重要指示，着力完善现代旅游业体系，加快建设旅游强国，让旅游业更好服务于美好生活、促进经济发展、构筑精神家园、展示中国形象、增进文明互鉴。红色资源是我们党艰辛而辉煌奋斗历程的见证，是最宝贵的精神财富；红色血脉是中国共产党政治本色的集中体现，是新时代中国共产党人的精神力量源泉。用好红色资源、赓续红色血脉，推动红色旅游高质量发展，是建设旅游强国的重要内容。黑龙江省坚持和弘扬红色传统、传承红色基因，近年来，按照整体打造、系统展示的原则，强化顶层设计，从空间布局、要素保障等方面对红色资源进行系统整合，全面加强红色资源的整体性、系统性保护和开发利用。打造了红色旅游线路，全面推出了红色文化精品旅游项目。较为有代表性的有：铁人王进喜纪念馆、大庆油田历史陈列馆、碾子山华安军工文化园展馆、中国一重工业旅游区等。大庆油田历史陈列馆主要担负着大庆油田历史、大庆精神（铁人精神）和中国石油文化的展示、宣教、研究、收藏、交流等任务，是"培育爱国之情，激发报国之志"的重要阵地。开馆以来，秉承"发扬大庆精神，铸就精品展馆"的理念，把宣传弘扬社会主义核心价值观、传播大庆精神（铁人精神）传承石油会战优良传统作为己任，努力打造"爱国主义教育的基地，企业形象展示的窗口，油田历史研究的场所，优秀文化交流的平台，缅怀石油前辈的殿堂，旅游休闲观光的胜地"，受到社会各界高度评价。

齐齐哈尔碾子山区华安军工文化园，依托华安集团试验基地深厚的军工资源和悠久的历史文化底蕴而创建，成为全国唯一的火炮实射和枪支实弹射击的军事体验基地，构建集企业历史回顾、军工生产参观、军工科普、军事体验、兵器娱乐、野战特训、国防与爱国主义教育于一体的军事军工旅游度假基地，也是国家首批命名的国家级工业旅游示范区、国家AAAA级景区和省级国防教育基地。

黑龙江各地坚持因地制宜、凸显特色、发展红色旅游结合红色资源周边现实场景的山水条件，通过历史的印记、发展的轨迹、丰富的事例，生动讲好"当年"的故事，现场展示"现在"的变化，高度凝练升华主题，能够在寓教于

振兴之路

铁人纪念馆（张雪玉 摄）

景、寓学于史、寓理于事中呈现红色资源的丰富内涵。

　　铁人王进喜纪念馆广场上，耸立着一尊铁人王进喜手持刹把的高大塑像。建筑外形为"工人"二字组合，象征这是一座工人纪念馆。建筑高度47米，顶部为钻头造型，正门台阶共47级，寓意"铁人"47年不平凡的人生历程。铁人王进喜纪念馆基本陈列以"爱国、创业、求实、奉献——石油魂"为主题，分《不屈的童年》《赤诚报国》《艰苦创业》《科学求实》《无悔奉献》《鞠躬尽瘁》《精神永存》七部分展览，共陈列了200余张照片和300多件珍贵实物，展示了王进喜在大庆石油会战中的英雄业绩及用终生实践所铸就的铁人精神。

黑龙江省坚持优化机制、统一运营，整体打造、系统展示红色旅游线路，构建健全统一的运营机制和扁平高效、科学精细的管理体系。红色旅游线路在规划设计上，覆盖党政机关、村（社区）、企业、学校、工业园区、文化机构等多领域。各市地专门成立宣传教育培训中心，统筹协调各学习教育实践基地的管理、运营、培训开发和对外交流等工作，注重串珠成线，不断丰富红色游览内容，打造精品主题线路，满足了干部群众多样化的学习参观需求。

同时，全面加强红色旅游宣传推介，充分展示红色旅游资源、宣传红色旅游景区发展成就、传播红色精神文化，打造全国一流的红色旅游胜地。紧跟时代步伐，在旅游模式和服务思路上不断探索，创新景区管理模式，推进红色景区智慧化建设，以现代技术手段推动景区高质量发展，让智慧化建设帮助红色旅游搭上科技快车，让红色内涵更加生动，让红色精神更具活力地传承。

（四）深耕"农文旅"融合

习近平总书记指出，全面推进乡村振兴，要立足特色资源，坚持科技兴农，因地制宜发展乡村旅游、休闲农业等新产业新业态，贯通产加销，融合农文旅，推动乡村产业发展壮大，让农民更多分享产业增值收益。黑龙江省深入贯彻落实习近平总书记重要讲话精神，以红色文化精神为指引，把"融合农文旅"作为推进中国式现代化黑龙江实践的重要举措，深耕细作，久久为功。

近年来，黑龙江乡村文旅和红色文化融合呈现前所未有的活跃态势，规模持续扩大、业态逐渐丰富、产品结构不断优化，为促进乡村文旅产业转型升级、乡村居民生活质量提高提供了有力支撑。在实践中，坚持以农业为基础、以文化为内核、以旅游为载体，大力培育"农业＋文化＋旅游＋康养＋体育"等新业态，加快形成以文化铸魂、体育塑型、旅游赋能的融合发展模式，不断促进农业、乡村文化、旅游等产业相融合，推进乡村全面振兴和农业农村现代化建设取得新成效。

首先，坚持资源整合，创新农文旅融合新路径，积极培育文旅新业态。北大荒友谊农场创建于 1955 年，位于黑龙江垦区东部，由苏联援建，为纪念中苏人民的伟大友谊，国务院命名为"国营友谊农场"。面对实现中国式现代化的新任务新要求，友谊农场确立了发展观光农业旅游的经营方略，整合农场资源，开发旅游新产业，以农场开发建设历史为载体，采取保护为主、开发建设为辅的方式，聘请专业设计团队将建场时期的老办公楼，建设成为友谊历史文化纪念园，并通过北大荒人讲述北大荒故事的方式，来实现历史文化的有效传承。目前已建成集农业机械博览园、现代农业科技园、北大荒精神教育园、生态森林植物园、青少年教育科普园和大学教学实验基地等于一身，形成"五园一基地"的模式，成为我国唯一的收集农机具最全、规模最大的农机博览园，农机博览第一园，同时还被列入国家 AAAA 级景区。下一步，将继续打造专属友谊特色的农文商旅融合文化园，推动农文商旅高质量融合发展。

其次，坚持红色文化资源引领，发挥"文旅+"的综合作用。虎林市第一把荒火地八五〇农场始建于 1954 年，是北大荒创建的第一个铁道兵军垦农场，当时的铁道兵司令员王震在这里点燃了第一把火，开启了荒火燎原里程，这里也成为了北大荒精神的诞生地。八五〇农场目前建成为红色旅游景点、爱国主义教育基地、北大荒精神教育基地、北大荒青少年教育基地、革命传统教育基地，八五〇农场军垦文化传承基地获评为国家 AAA 级旅游景区。农场积极融入"北大荒文旅公司+旅游基地"集团旅游市场运营体系。围绕八五〇军垦开发建设博物馆、"荒火燎原"爱国主义红色教育基地、"军垦一号航母"数字农业基地、星城花海等农文旅资源，开辟智慧农业展示、党建文化展览等景点，将垦区的历史文化与本地观光游、研学游有机融合，打造北大荒精神传承、党史学习教育、科技智慧农业相集成的文化旅游景区，发展军垦红色研学旅游，吸引了大批游客和机关事业单位、企业的党员群众前来参观学习，让人们充分感受到军垦文化的魅力。

最后，坚持以科技创新为抓手，大力发展现代化大农业推动文旅融合发展。八五六农场隶属黑龙江省农垦总局牡丹江分局，原称"青山农场"，1954年春开荒建场，土地总面积1259.3平方千米，耕地面积102.3万亩，土质肥沃，自然资源丰富。盛产水稻、大豆、玉米等经济作物。农场以现代化大农业推动旅游文化发展，深入实施农业现代化示范区建设工程和融入国家粮食安全产业带建设工程，以50万亩常规水稻高产种植示范区、50万亩优质稻米种植示范区、现代农机装备中心、观光农业展示中心、万亩大地号稻田画构建现代化大农业旅游体系，打造了以观光农业展示中心、蟹稻立体种养基地、农业现代化示范区为核心的农业观光带。依托黑龙江省东南精品旅游线路的区位优势，通过现代化大农业的展示和观光农业的体验，进一步提升了农场的知名度。2021年，八五六农场现代大农业还成功入选了文化和旅游部、中央宣传部、中央党史和文献研究院、国家发展改革委联合发布的"建党百年红色旅游百条精品路线"。

习近平总书记对发展文化旅游事业和做好革命文物工作作出重要指示，强调加强革命文物保护利用，弘扬革命文化，传承红色基因，是全党全社会的共同责任……发挥好革命文物在党史学习教育、革命传统教育、爱国主义教育等方面的重要作用，激发广大干部群众的精神力量，信心百倍地为全面建设社会主义现代化国家、实现中华民族伟大复兴的中国梦而奋斗。

黑龙江的历史是一部在党的坚强领导下，黑龙江各族人民在革命、建设和改革中艰难求索、砥砺前行的奋斗史，值得一代代黑龙江人永远铭记、倍加珍惜。多年来，黑龙江省各级党委政府不忘初心、牢记使命，以高度的政治责任感，用心用情用力保护好、传承好、利用好红色资源，让人们读懂革命先辈艰

振兴之路

苦卓绝的奋斗历程，面向未来，黑龙江省将充分利用红色文化优势，挖掘红色文化的时代价值，运用"科技＋文化＋艺术"的创新形式，努力打造辨识度高、感染力强的文旅深度融合的时代精品，释放红色文化的教育潜能。在沉浸式体验红色文化的过程中教育引导人们发扬红色传统、传承红色基因，赓续共产党人精神血脉，始终保持不畏艰险的奋斗精神，鼓起奋进新征程、建功新时代的精气神。铭记黑龙江红色历史，赓续黑龙江红色历史文脉，发展黑龙江红色文化特色旅游，更好地坚守红色文化的"魂脉"，激励黑龙江人民奋力谱写中国式现代化龙江新篇章。

三、弘扬民族特色文化，开启民俗旅游新体验

地处北疆的黑龙江是多民族聚居区，经过漫长的历史演进，满、朝鲜、蒙古、鄂伦春、达斡尔、赫哲、鄂温克等多个世居少数民族在黑龙江这方沃土繁衍生息。黑龙江流域的少数民族将自己独特的文化融入渔猎、游牧、农业等生产生活过程，孕育了极富民族个性的手工技艺鱼皮文化、桦树皮文化、世界级非物质文化遗产赫哲族伊玛堪、国家级非物质文化遗产鄂温克族瑟宾节等。边疆文化、冰雪文化、渔猎文化、饮食文化等多种文化在这里共融共生，吸引了大批中外游客的关注和探索。

大家一定还记得哈尔滨旅游火爆"出圈"，在这个冬季，黑龙江各少数民族群众涌现在哈尔滨中央大街、索菲亚教堂、冰雪大世界等景区，纷纷"上演"民族技艺，展现少数民族文化的魅力。头戴狍角帽的鄂伦春族、带着猎鹰出山的达斡尔族、穿着鱼皮服饰的赫哲族、牵着驯鹿的鄂温克族等少数民族载歌载舞，吸引了无数游客的目光，也引得网友惊呼"尔滨，你是怎么把他们都请出来的"。

冰雪旅游热引出了黑龙江省宝贵的少数民族资源，少数民族丰富的冰雪文化也让外界刷新了对黑龙江的认知，让黑龙江的旅游迸发出新活力。下面，让我们一起跟随黑龙江流域少数民族印记，找寻民族文化如何助力特色文化旅游的答案。

振兴之路

鄂伦春族人在哈尔滨和市民合影（史宏 摄）

（一）鱼跃故里：唱响新时代乌苏里船歌

习近平总书记2016年5月24日在黑龙江省同江市八岔赫哲族乡八岔村看望赫哲族群众时说："我是第一次到赫哲族居住的地方来，感到很亲切。《乌苏里船歌》唱的'船儿满江鱼满舱'的美好画面早就给我留下深刻印象。赫哲族虽然人口较少，但看到你们生活欣欣向荣，后代健康成长，文化代代传承，为你们感到高兴。"

一曲《乌苏里船歌》传唱半个多世纪，让很多人知道了在我国东北边陲，世代居住着一个以渔猎为生的民族——赫哲族。赫哲族是我国人口较少民族之一，主要居住在黑龙江、松花江、乌苏里江交汇构成的三江平原和完达山余脉。

因食鱼肉、穿鱼皮、用犬拉雪橇，赫哲族曾被称作"鱼皮部""使犬部"。赫哲人因分布地区的差异而有不同的自称，如"那乃""那贝""赫真"等。"赫哲"这个称呼最早出现于《清实录》，是从"赫真"变音而来的。赫哲族先民属于肃慎族系，历史上包含于我国东北地区的肃慎、挹娄、勿吉、靺鞨、女真等古代民族之中。新中国成立后，经过民族识别，统一族称为"赫哲族"。

昔日的《乌苏里船歌》创作地、边境小渔村同江市八岔村正上演着乡村振兴发展的生动实践，续写赫哲人生活巨变新篇章。2013年，对于八岔村来说是一次涅槃重生。那年夏天，八岔村遭遇了特大洪水，全村198户受灾，庄稼地全部被淹没，房屋损毁严重，在党和政府关心支持下，村民在凛冬到来前住上了安全的安置房。2014年开春后，村里把老房子全部拆除，盖起了一栋栋小楼房，全体村民搬进了明亮宽敞的新屋。正是这一场百年难遇的洪灾引发了村两委班子的思考，如何因地制宜走出一条适合八岔村的发展道路？八岔村党支部书记尤明国到全国多个优秀村落考察，他意识到八岔村最大的优势是赫哲文化。回村后，他召集起村干部、党员们开动员会，在保护耕地、不扩大捕捞的基础上，发展民俗游、生态游。依托民族文化优势，借助八岔岛自然保护区和三江自然保护区独特的区位优势，开发民族特色旅游项目，村民们踊跃开起家庭旅馆、渔家乐。一业举，百业兴。旅游业的发展直接带动了村里交通、餐饮、住宿等行业的兴旺，朴实好客的赫哲人也从旅游业中尝到了甜头，2022年全村人均纯收入达到25107元。

在保护赫哲族民族文化、促进乡村文化振兴方面，八岔村也有很多特色做法。2016年，习近平总书记在八岔村参观了赫哲族民俗展，观看了属于国家级非物质文化遗产的伊玛堪说唱。他赞扬赫哲族历史悠久、文化丰富，特别是渔猎技能高超、图案艺术精美、伊玛堪说唱很有韵味。在习近平总书记的关怀和鼓励下，赫哲文化迎来了传承发展的春天，开始系统发展"旅游＋文化"产业。近年来村里投资1400余万元建设天赐湖公园、赫哲族渔猎文化馆等一批景观项

振兴之路

目、创办"赫哲姑娘"等鱼皮手工艺合作社、精心设计"赫乡民俗体验游""滩地渔猎体验游"等精品旅游线路,打造民俗旅游"爆款";村民成立民间艺术团,举办渔猎文化节和大马哈洄游节、冰上马拉松、传统体育竞技表演等品牌活动;成立赫乡田园文化旅游公司,运行游船、民宿等多个项目。八岔村先后捧回"全国文明村""全国美丽宜居村庄""全国少数民族特色村寨"等荣誉。八岔村里一年四季热闹非凡,文化旅游搞得风生水起。

赫哲族鱼皮衣(魏胜 摄)

赫哲族群众在发展旅游业的同时,更加注重民族文化的传承。伊玛堪是赫哲族的民族文化瑰宝,是一种民族文学说唱样式,记载了赫哲族的语言、历史、民俗等,由于只有语言没有文字,只能口耳相传。伊玛堪一度面临传承危机。为保护和传承赫哲族非物质文化遗产"伊玛堪",在素有"赫哲故里""赫哲第一乡"美誉的同江市街津口赫哲族乡,打造了赫哲族非遗传承教育基地,建设了赫哲文化传习所,设置伊玛堪传习专区,为公众社会文化交流提供平台。非遗文化持久的生命力，离不开创造性转化和创新性发展。同江市除了举办同江非遗文化节，编写伊玛堪剧《英雄的赫哲》等十多部呈现非遗元素的文艺作品外，还运用新媒体直播运营平台，开设"非遗面对面""赫哲语微课堂"等栏目，邀请代表性传承人、民间艺人、专家学者等人士，以访谈方式对非遗项目进行精彩讲解，增强了社会大众对伊玛堪的认可度，推动了伊玛堪保护工作的传承与发展，也提升了伊玛堪的影响力与传播力。

赫乡故里街津口赫哲族乡，可谓处处有历史，步步有文化。"乌日贡节"是赫哲族人一个新生的节日，诞生于1985年，"乌日贡"意思为娱乐或文体大会，每四年举行一次，一般在农历五、六月间举行，历时三天。在街"乌日贡节"庆典上，具有神秘色彩的祭祀活动、萨满舞、伊玛堪说唱艺术等，让游客们大开眼界。顶杠、渔王角力、拔河等民族传统项目，吸引了众多游客驻足观看。赫哲的传统美食十大碗、江水炖江鱼、烤塔拉哈美食等，让游客大饱口福。特色村寨、街津山国家森林公园，花香扑鼻的玫瑰园，让游客们流连忘返。来自全国各地的游客都会聚到这里，一同享受着古老文化之美。

要发展民族特色旅游文化，需要与外界联动，让非遗"活起来"。2023年，佳木斯抚远市乌苏镇抓吉赫哲族村将北京、哈尔滨、同江、饶河等地赫哲族群众以及同宗同源的俄罗斯哈巴罗夫斯克（伯力）赫哲群众"请进来"，举办"赫哲族第十一届乌日贡大会"共庆节日。在"乌日贡"大会文艺竞赛阶段，赫哲族群众说唱"依玛堪"、唱起"嫁令阔"，以载歌载舞的娱乐形式抒发心中的喜悦心情，吸引游客现场互动，切实让非遗"活起来"。2024年伊始，黑龙江省"尔滨"与抚远市"蔓越莓"火爆全网，抚远市乌苏镇抓吉赫哲族村以旅游热为契机，开展伊玛堪进景区、景点活动，促进伊玛堪与旅游深度融合，让更多人了解赫哲族伊玛堪丰富的文化内涵。现如今，伊玛堪成为赫哲族民众精神生活食粮，与赫哲族民众生活息息相关，哪里有赫哲族族群居住，哪里必有伊玛堪歌声传唱，吸引了大批游客。

振兴之路

抚远市乌苏镇抓吉赫哲族村（魏胜 摄）

　　近年来，双鸭山市饶河县四排赫哲族乡把实施乡村振兴战略作为首要任务，积极探索"农业＋旅游＋文化"的赫哲风情农旅文融合发展新模式，全力打造生态产品高地、文脉传承宝地、民族旅游胜地，推动乡村振兴。赫哲族传唱千年的世界非遗"伊玛堪"，独特的鱼皮、桦皮技艺，享誉全国的赫哲美食"全鱼宴"，让这座处处充满着古老鱼皮部落神奇与神秘的小镇成为全县"农旅文"融合发展的前沿阵地。随着打造"农旅文"融合发展的新模式的进一步开发，激发了群众的内生动力，带动了当地产业的快速发展，提高了人民生活水平。

　　与四排赫哲族乡东西相望的小南河村始建于1937年，在民间素有"乌苏里船歌船头船尾"之称。坐落在《乌苏里船歌》中唱到的美丽的大顶子山下的小南河村，自然和历史文化资源非常丰富，有一山（大顶子山）、一寺（妙音寺）、两河（两条山泉河）、一江（乌苏里江），地域特色明显，还有保存完好的20

第四章　大力发展特色文化旅游

镜头下的小南河村（冷菊贞　摄）

世纪三四十年代的木刻楞老屋大院、抗联旧址，民风民俗独特。

在 2015 年以前，这是一个被"遗忘"的村子，原本穷乡僻壤，群众生活水平较低。但是这一切，在 2015 年以后都渐渐地改变了。这一年的 12 月，在双鸭山市场监督管理局工作的冷菊贞，被任命为小南河村驻村第一书记。非常喜爱摄影的冷菊贞，通过照相机的长短焦镜头，捕捉到了小南河村的乡村特色旅游资源——特色民俗和特色民族文化。巍巍高耸的大顶子山、清澈见底的山泉水、鱼儿满江的乌苏里，还有 20 世纪三四十年代风格的赫哲木刻楞老屋大院和传统"匠人"的老豆腐坊等赫哲民俗、文化资源等。她把小南河村自然和民俗风貌图片发到摄影爱好者微信群里，吸引了大批摄影爱好者的关注。经过深思熟虑，冷菊贞决心带领小南河村走"乡村旅游＋产业"以脱贫致富、振兴乡村的路子。在冷菊贞的带领下，2015 年末，小南河村开始打造乡村民俗摄影旅游基地，通过旅游与产业相互促动模式，以"回归、回忆、绿色、休闲、体验"为主题，依托大顶子山的古老和传奇，融合特有的地域、民族文化特色，打造独一无二的"大顶子山下民俗第一村"。

现今，小南河村已从一个贫困村变成一个全国关注的地方，实现了脱贫，走上了勤劳致富之路；小南河村被文化和旅游部列入首批乡村旅游重点村，成为了全国森林乡村、省乡村民俗旅游示范村、省级文明村；小南河乡村治理案例入选第二届中国美丽乡村论坛暨第五届村政论坛、全国消费扶贫典型案例；2017年浙江卫视《我们十七岁》明星"过大年"在小南河村拍摄；第一部赫哲族题材电视剧《黑金部落》影视基地也在小南河落成。发展乡村特色产业，开办了小南河辣椒厂，辣椒酱做得小有名气，真正让村民得到了实惠、看到了希望。近年来，小南河村累计接待游客5万余人，旅游和辣椒酱等农产品营业收入500余万元。

赫哲人以渔猎为生，从前，一叶扁舟、一张渔网，便是他们生活的全部。如今，他们依托寒地黑土、渔业资源、民族文化等优势，从种植业、养殖业、食品深加工业、民族文旅产业等方面积极探索，勇于实践，收获了丰硕成果，赫哲人生活美满，唱响新时代的乌苏里船歌。

（二）鄂风古韵：探寻最后一个游猎民族

在刚刚过去的"尔滨"冰雪季中外游客的狂欢节中，人们注意到了这样一个难忘的场景：鄂温克族朋友带着7头驯鹿走上了时尚洋气的中央大街，唱起鄂温克族民歌，在口弦琴独特的音色伴奏下，鄂温克族群众便跳起了欢快的民族舞蹈，周围的游客纷纷跟着手舞足蹈，幸福笑容洋溢在每一个人的脸上。在冰雪大世界的舞台上，一首鄂温克语歌曲《北京的金山上》，更是引得全场喝彩。隐居山林的少数民族为何走出深山？生活在北半球寒冷地区的驯鹿，怎么

第四章　大力发展特色文化旅游

《额尔古纳河右岸》中提到的鄂温克族使鹿部落（魏胜　摄）

会出现在熙熙攘攘的现代都市？

　　作为我国人口不过万的"国宝级"少数民族，鄂温克族被称为"中国最后一个游猎民族"，他们从贝加尔湖畔一路迁徙，与驯鹿为伴，历经严寒、猛兽和瘟疫的威胁，定居在黑龙江右岸的大兴安岭深处、中俄边界地区。中国的驯鹿原生于贝加尔湖和勒拿河上游地区，后来被游猎的鄂温克人、鄂伦春人捕获饲养，逐渐驯化成为他们生产、生活的工具。400多年前，鄂温克人迁徙到额尔古纳河流域，将喜食苔藓、蘑菇、野生浆果的驯鹿逐渐带到了大兴安岭东北林区，鄂温克族成为人们口中"中国最后的使鹿部落"。著名作家迟子建获得茅盾文学奖的长篇小说《额尔古纳河右岸》描绘的就是这个神秘的民族。

　　从"藏在深山人未识"到"终有时日露峥嵘"，如今的鄂温克族同胞，与时代同行，在齐齐哈尔讷河市兴旺鄂温克族乡，与来自全国各地的游客欢聚

振兴之路

在水天一色的嫩水江畔，共同见证源远流长的鄂乡民俗古风。作为黑龙江省唯一一个以鄂温克族命名的乡，讷河市兴旺鄂温克族乡充分利用其民族特色，打造"一村一品、一乡一业"品牌，走出了一条以文化旅游为引领的乡村振兴之路。

兴旺鄂温克族乡位于讷河市西南部，下辖12个村，其中百路村和索伦村是鄂温克族特色民族村。近年来，随着百路村国家级非物质文化遗产瑟宾节的举办及索伦部落民族风情休闲度假村等旅游硬件建设的逐步完善，兴旺鄂温克族乡逐步打造成了集现代农业、休闲观光、民族风情旅游为一体的民俗旅游小镇。这一转变不仅带动了全乡各产业的融合发展，更为当地居民带来了实实在在的经济收益。

百路村以瑟宾节和民族体育项目为特色，打造了集观赏、体验、互动于一体的旅游项目。"瑟宾"是鄂温克语，意为"欢乐、祥和"，是鄂温克族人的狂欢节，部落里的男女老幼，穿上节日盛装，相聚在嫩江边的河谷草滩，共度佳节，传统的鄂温克族瑟宾节民俗活动包括祭祀山神（或敖包）、民族歌舞表演、传统竞技、游戏、野餐酒宴、篝火晚会，其风俗形态原始古朴，独具特色。瑟宾节于2005年被列入黑龙江省非物质文化遗产保护名录，2011年被列入第三批国家级非物质文化遗产名录。每年瑟宾节期间，身着节日盛装的鄂温克族同胞载歌载舞，表演彩虹舞、努勒格日舞等民族舞蹈，同时还进行"抢枢""摔跤""拉棍""颈力"等传统民族体育项目比赛。这些活动不仅展示了鄂温克族的文化魅力，也为游客提供了丰富的观赏体验。瑟宾节期间，兴旺鄂温克族乡都会迎来旅游热潮，据统计，每年瑟宾节期间嘎布喀草原接待游客数量可达5万余人。

索伦村背靠嫩江，位于嘎布喀草原的中心地带，这里美食资源丰富，自然风光旖旎。嫩江中盛产鲫鱼、嘎牙子、敖花、鲇鱼等多种鱼类，这些鱼类肉质鲜美，是游客们品尝当地美食的首选。嘎布喀草原腹地还生长着柳蒿芽、野韭菜、荠根菜等营养价值极高的山野菜。游客们在这里可以品尝到鲜香的柳蒿芽汤，配上手把肉和江水炖江鱼，感受到独特的地域风味。索伦部落民族风情休闲度假村以鄂温克族文化为主题，内有鄂温克族风格的建筑和设施，如"撮罗子"式的民宿、民族文化广场、篝火晚会场地等。游客们可以在这里体验鄂温克族的民俗婚礼、篝火晚会、特色野餐等项目，充分感受鄂温克族的文化魅力。游客们还可以在索伦村民俗馆内看到丰富的鄂温克族传统展品，如悠悠车、桦皮靴、皮袄等生产生活用品。这些展品直观地展示了鄂温克族人的生活方式和手工艺水平，让游客们更加深入地了解了鄂温克族的文化底蕴。

兴旺鄂温克族乡索伦村和百路村先后获得"全国生态文化村""国家级传统村落""国家级少数民族特色村寨""国家级乡村旅游重点村"等称号，索伦村被评为国家 AAA 级景区。讷河市更是荣获"中国最美生态文旅休闲城市"称号，"秋水之城"名片也得到了广泛认同。鄂温克这个世居黑龙江流域的"最后一个游猎民族"，正以崭新的面貌走出深山融入新时代，延续着旺盛的生机和多姿多彩的民族风情。

（三）古村焕新：唤醒达斡尔文化之魂

"齐齐哈尔"这个名字是达斡尔语的音译，意思是"天然牧场"。达斡尔族在黑龙江省境内主要分布于齐齐哈尔市梅里斯达斡尔族区，其先民在清初就已居住在黑龙江以北地区。达斡尔族能征善战，能歌善舞。历史上，达斡尔族北抗沙俄、南迁嫩江、放排渔猎、歌舞竞技，自强不息、顽强拼搏的达斡尔人用勤劳、智慧、汗水，扶起"嫩江第一犁"，成为齐齐哈尔筑城者、嫩江流域开拓者、祖国北疆守护者、民族团结实践者。梅里斯是齐齐哈尔城的发源地，也是达斡尔族的聚居区，盛夏时节的梅里斯达斡尔族区，有绽放的百花，有飘香的瓜果，有热烈的歌舞，亦有厚重的民族文化。

振兴之路

民族之魂，文以化之，文以铸之。梅里斯区哈拉新村是一个有着300年历史的少数民族村落，位于梅里斯区雅尔塞镇东南部，东临嫩江，距齐齐哈尔市区20千米。哈拉，达斡尔语意为"冰道"，村里仍然保留着一些古老的民居，依稀可见达斡尔族村寨的原貌。哈拉达斡尔族区1952年建区，1988年经国务院批准恢复为全国唯一的市辖达斡尔族区，是以达斡尔族为主体民族的多民族聚居区。走进哈拉新村，迎面就是以达斡尔族乐器四弦琴为造型的大门。在村中广场，矗立着达斡尔英雄莫日根雕像，雕像后面有一块建村纪念碑，那是一段至今还在村民口中相传、心中感念的民族团结、守望相助的佳话。

哈拉新村（魏胜 摄）

1998年嫩江流域出现了百年不遇的特大洪水，哈拉村被洪水冲毁，受灾严重，村民们无家可归，只能临时住在当地的学校。1999年，全国政协筹集捐款3000多万元支持哈拉村重建，村民们盖起了新房，被淹没的小村庄迎来了新生，建成了哈拉新村。

虽然村民的生活环境得到了极大改善，但由于受灾严重、地少人多、达斡尔族语言沟通障碍、收入渠道单一等原因，村民的生活并不富裕，到2013年哈拉新村仍然是一个贫困村。

党的十八大以后，国家实施精准扶贫方略和乡村振兴战略，哈拉新村选准了发展民族文化旅游产业这条精准脱贫路，依托民族特色和生态资源，区政府将哈拉新村列为全区重点打造的旅游品牌，累计投入2亿元相继建成游客接待中心、民居民宿、栈道等基础设施，每年举办达斡尔族盛大的民间节日"库木勒"节，有效拉动了旅游产业的发展，带动村民增收致富。库木勒节是达斡尔族最重要的传统节日之一，是达斡尔人的春季狂欢节。"库木勒"即达斡尔语"柳蒿芽"，是达斡尔人喜欢吃的一种野生植物。传统的库木勒节民俗活动包括达斡尔族民族歌舞表演、达斡尔族传统竞技、游戏、野外品尝库木勒汤、野餐酒宴、篝火晚会，其风俗形式原始古朴，民风浓烈，风情独特。2024年6月25日，适逢第六届黑龙江省旅游产业发展大会召开之际，以"共享特色文旅新机遇、汇聚振兴发展新动能"为主题的梅里斯达斡尔族区第三十七届"库木勒"节也在哈拉新村草原启幕，身着节日盛装的达斡尔人与远道而来的游客们载歌载舞，共庆民族盛会、共享文化盛宴。

除了盛大的节日庆典，非物质遗产文化体验馆也成为哈

拉新村的网红打卡点。梅里斯达斡尔族区非物质文化遗产体验馆以文献资料、历史图片、出土文物、民间用品、手工作品、饮食文化、民族风俗等为支撑，分为民族起源厅、民族民俗厅、非遗体验厅、多功能厅4个展厅，介绍达斡尔族的起源、发展及与嫩江流域的深厚渊源。展示达斡尔族的民俗风情、生活习俗、传统节日等，是传承和弘扬达斡尔族文化的重要平台。

用文化引领旅游发展，用旅游促进文化繁荣。如今，在"中国达斡尔族第一村"——哈拉新村体验民族文化已成为当地旅游的"金字招牌"。这个不足500户的小村庄凭借独特的自然资源、多彩的民族文化、浓郁的乡土风情，迎来了一批批游客。从贫困村到小康村，哈拉新村只用了短短6年的时间。今天的哈拉新村，是齐齐哈尔市级文明村、黑龙江省农业旅游示范点、黑龙江省乡村旅游重点村、国家AAA级旅游景区、国家级特色民族村寨、国家级农业旅游示范点、全国100个重点民俗文化村。曾经贫困的古村变成了远近闻名的"明星村"。

民族文化不仅让哈拉村"重获新生"，也影响了周边村镇，近400年历史的达斡尔族传统村落额尔门沁村也结合丰富的民族文化，走出一条文旅融合助脱贫之路。

过去的额尔门沁村曾是远近闻名的贫困村，"晴天一脚土，雨天一脚泥"，村里路上满是牛粪，而且餐饮、住宿、游玩等旅游配套设施不完备，就算是再美丽的风景也让游客"望而却步"。近年来，额尔门沁村发挥民族村文化优势、原生态环境优势，瞄准民族文化旅游产业不断发展。在不到2年的时间里，额尔门沁村修建了文化广场，完善了景区基础设施，在开发中国达斡尔嫩江第一岛特色景观基础上，又相继建设达斡尔族特色民居、民俗文化馆、采摘园，吸引省内外游客前来观光。独特的自然景观、独具魅力的达斡尔文化让游客流连忘返，使古村落充满了生机和活力。

我们必须重视少数民族文化保护和传承，支持非物质文化遗产，培养好传承人，把这些非物质文化一代一代接下来、传下去。中华优秀传统文化生生不息、薪火相传，民族文化遗产正在一代代达斡尔族人民的努力下在新时代焕发新生。

习近平总书记曾多次强调中华民族共同体意识是民族团结之本，各民族要像石榴籽那样紧紧抱在一起。从山洞草舍到摩天大楼，从母系氏族到现代社会，人类始终在不断发展进步。但无论时代和社会发展至什么状态，各民族人性深处潜藏的对美、真、爱、善的渴求是亘古不变的。黑龙江省坚持做好发展特色民族旅游这篇大文章，努力满足旅游消费需求的日益多样化，继续深入挖掘和整合民族文化资源，加强旅游基础设施建设和服务质量提升工作，推动民族特色旅游长期繁荣发展。

在广袤无垠的黑龙江大地上，各族人民共同谱写了一曲曲民族和团结的壮丽诗篇。这些民俗文化不仅是各民族人民智慧的结晶，更是中华民族多元一体文化格局中的瑰宝。在以中国式现代化全面推进中华民族伟大复兴的新征程上，黑龙江这片热土上的各族人民正以自己的智慧和力量，对传统民族文化进行创造性转化和创新性发展，奋力开创特色文化旅游事业发展新局面。

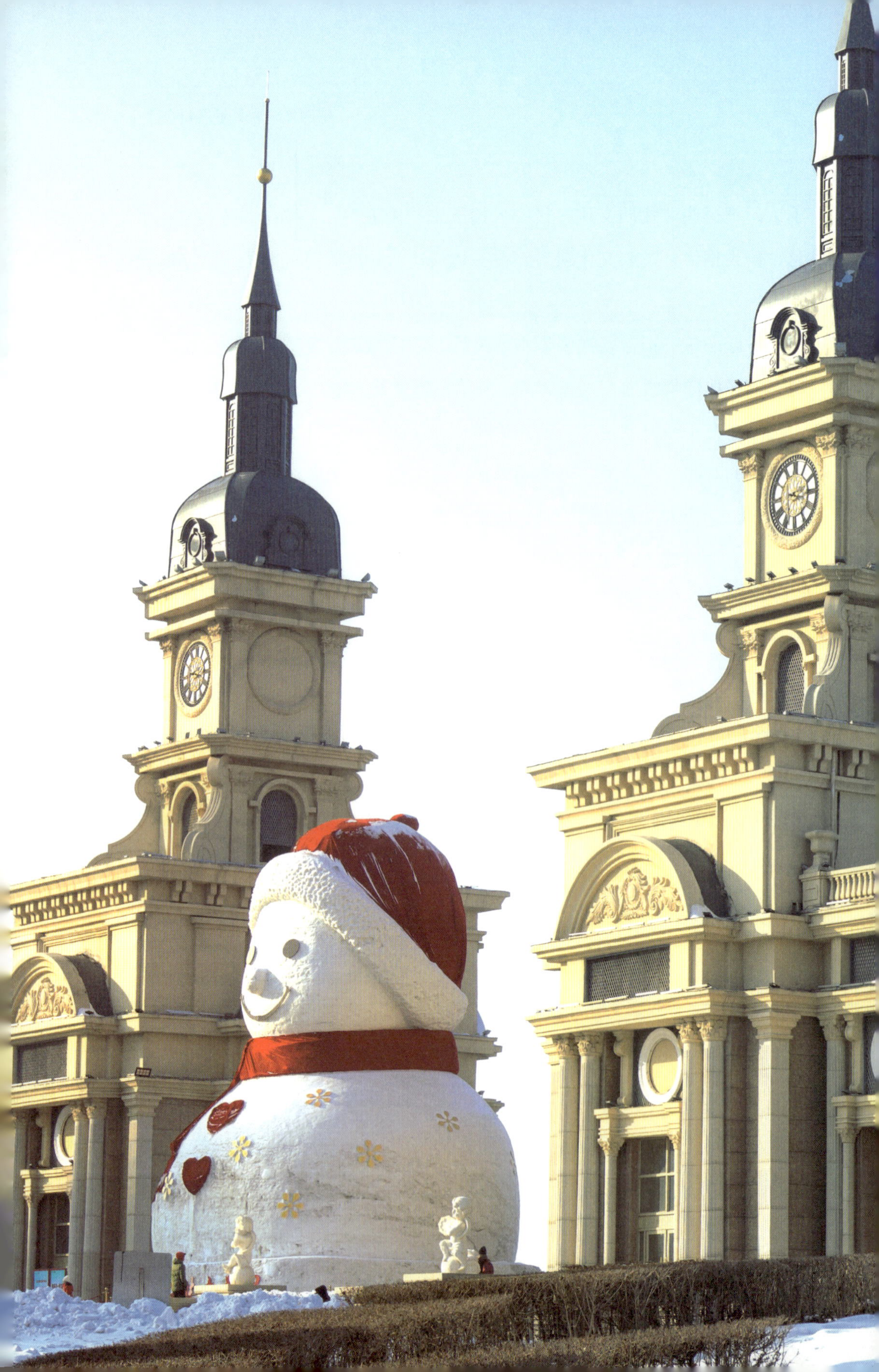

第五章

构筑我国向北开放新高地

开放，是世界大势，是时代潮流。黑龙江省是全国第二大口岸省份，拥有 27 个国家一类口岸，是我国向北开放的重要窗口和对俄开放合作的最前沿。2023 年 9 月，习近平总书记在黑龙江考察时强调，要构筑我国向北开放新高地。黑龙江省立足国之大者，依托得天独厚的地缘优势和区位优势，高水平构筑向北开放新高地，高质量服务共建"一带一路"，持续推动对俄经贸合作高质量发展，推进实施"买全俄卖全国，买全国卖全俄"部署，加快建设现代化综合对外开放大通道，重点打造高能级开放新平台。2023 年，黑龙江省进出口总值 2978.3 亿元人民币。其中，对俄贸易实现 2103.9 亿元人民币，占全国对俄贸易的比重的 12.4%，在服务国家开放发展大局中不断彰显新担当、展现新作为、实现新突破。

振兴之路

一、推动对俄经贸合作高质量发展

中国和俄罗斯是世界上有影响力的两个大国，向北开放发展同俄罗斯的友好关系特别是经济合作是我国大国外交和周边外交的重要方向。面对百年未有之大变局，中俄双边关系特别是战略合作不断深化，这是历史发展的必然。在中俄两国元首的引领下，中俄经济贸易互动正迅速升温，无论是从战略高度还是具体的经贸操作层面，都展现出迅猛增长和稳定向好的发展势头。自2010年至2023年，中国已连续14年稳居俄罗斯最大贸易伙伴的宝座。在新冠疫情和俄乌冲突等重重考验之下，两国之间的贸易总额依旧保持可喜的增长趋势。

根据我国海关2023年的数据，在我国的18个千亿级贸易伙伴中，与美、日、韩等发达国家双边贸易出现显著下跌，与俄罗斯、巴西、印度和墨西哥等发展中国家的双边贸易上涨。中美双边贸易在2023年下跌了11.6%，仅有6644.5亿美元；中日的双边贸易下跌了10.7%；中韩的双边贸易下跌了13.5%。2023年，中俄的双边贸易达到创纪录的2401.11亿美元，同比增长26.3%，中国对俄罗斯出口1109.72亿美元，同比增长46.9%。因此，中俄之间的经贸合作，在我国对外开放体系中具有重要的地位。

第五章　构筑我国向北开放新高地

（一）货物贸易实现转型升级

1. 贸易规模不断扩大

早在清朝时期，黑龙江省就是中国与俄罗斯进行贸易的重要门户。自20世纪80年代中期中苏关系缓和以来，黑龙江省迎来了向北拓展开放和对外贸易的新机遇期。1992年3月，国务院首批确定的4个对外开放边境城市就有黑龙江省的黑河和绥芬河。黑龙江省和俄罗斯有2981千米边境线，有19个边境口岸，始终是我国对俄开放的最前沿和桥头堡。跨入21世纪，特别是党的十八大以来，中俄之间建立的高层次国家关系，以及中国东北老工业基地振兴战略与俄罗斯远东开发战略的协同推进，为两国地方层面的交流合作搭建了更为宽广的舞台，也为黑龙江省进一步加强对俄经济贸易合作注入了新活力。近年来，随着俄乌冲突引发的西方对俄制裁，促使俄罗斯加快了"向东看"的战略调整。当前俄罗斯的"向东转"战略与黑龙江省构建向北开放新高地战略高度契合，进一步推动了中俄区域发展战略的对接，使黑龙江省在经贸合作中获得了先机。作为我国对俄沿边开放第一大省，黑龙江省拥有对俄贸易企业超1000家，对俄贸易额占到全省对外贸易总额的70%左右，占全国对俄贸易总额的比重一直在10%以上。2023年，黑龙江省对俄罗斯进出口总值2103.9亿元人民币，同比增长13.5%，位列全国第2。2024年1—5月，黑龙江省对俄进出口总额实现943.2亿元，同比增长15.3%，占全国对俄贸易总额13.8%，贸易额增幅高于全国9.2个百分点。

表1 2008—2023年黑龙江对俄贸易相关指数

年份	黑龙江省对俄贸易总额（亿美元）	增长率（%）	出口（亿美元）	进口（亿美元）	黑龙江省对外贸易总额（亿美元）	中国对俄贸易总额（亿美元）	黑龙江省对俄贸易占本省外贸总额比重（%）	黑龙江对俄贸易占中国对俄贸易的比重（%）
2008	110.6	3.2	79.7	30.9	229.0	569.1	48.3	19.4
2009	55.8	−49.5	32.7	23.1	162.2	387.5	34.4	14.4
2010	74.7	33.9	42.9	31.9	255.0	555.3	29.3	13.5
2011	189.9	154.2	43.5	146.4	385.1	792.7	49.3	24.0
2012	213.1	12.2	51.6	161.5	378.2	882.1	56.3	24.2
2013	223.6	4.9	61.9	154.6	388.8	892.6	57.5	25.1
2014	232.8	4.1	90.0	142.8	389.0	952.7	60.0	24.4
2015	108.4	−53.4	23.5	84.9	209.9	680.2	51.7	16.0
2016	91.9	−15.2	17.0	74.9	165.4	696.2	55.6	13.2
2017	109.8	19.5	16.1	93.7	189.4	842.2	58.0	13.0
2018	184.5	68.0	11.2	173.3	264.1	1071.1	70.0	17.2
2019	184.2	−0.2	14.5	169.7	271.0	1109.4	68.0	16.6
2020	141.1	−23.4	13.8	127.3	222.8	1082.4	63.0	13.0
2021	203.6	44.3	25.7	250.1	309.2	1468.9	65.8	13.9
2022	275.7	35.4	16.6	187.0	394.2	1902.7	69.9	14.5
2023	298.6	8.3	41.0	257.6	422.7	2401.1	70.6	12.4

资料来源：根据中华人民共和国海关数据、商务部网站数据，黑龙江省统计局网站、哈尔滨海关数据整理所得。

2. 重点领域取得突破

（1）能源

能源合作在中俄之间全方位、广泛领域、多层次的协作中扮演了关键的基石角色，双方在互惠互利方面拥有广阔的发展潜力。黑龙江省作为对俄经贸大省，具有得天独厚的区位优势和良好的合作基础，在对俄合作中一直担当先行者和主力军作用，特别是在能源矿产开发等领域具有广阔的合作前景。

①中俄原油管道。作为我国从东北方向引进石油和天然气的一条关键路线，中俄原油管道的起始站位于俄罗斯的斯科沃罗季诺分输站，该站是东西伯利亚—太平洋原油管道的一部分。该管道线路穿越了黑龙江省和内蒙古自治区的13个县市，并最终汇入中国漠河至大庆原油管道的漠河首站。从漠河到大庆的管道全长约为965千米。一期工程规划了每年1500万吨的输油能力，合同有效期为20年。2011年1月1日，中俄原油管道正式开始输送原油。

②中俄原油管道二线。2016年8月，全长941.8千米、管径813毫米的中俄原油管道二线工程（漠河—大庆）启动建设，该管道项目与2011年投入运营的中俄原油管道漠大线大部分路径是并行的。其起点位于黑龙江省漠河县所属

俄罗斯原油进入大庆石化（郭俊峰 摄）

的漠河油品输送站，穿过黑龙江和内蒙古两个省区，终点位于黑龙江省大庆市的林源油品输送站。通过这一管道的俄罗斯原油进口量由此前的每年1500万吨提升至3000万吨。2018年1月1日，俄罗斯原油开始从漠河向大庆的林源输送，管道投产运营将弥补东北地区石油资源的供应不足，改善国内油品供应的网络布局，进一步确保国家的能源供应安全。

③中俄东线天然气管道。紧随中俄原油管道之后，中俄东线天然气管道成为中俄陆上能源输送的第二条主要通道。2014年5月21日，中俄双方联合签署了《中俄东线管道天然气合作项目备忘录》《中俄东线管道供气购销合同》，该合同的估值超过了4000亿美元。根据合同条款，从2019年开始，俄罗斯将经中俄东线天然气管道向中国供应天然气，供气量将逐年递增，最终达到每年380亿立方米的规模，合同有效期为30年。

2019年12月2日，中国国家主席习近平与俄罗斯总统普京通过远程视频连接，一起观礼了中俄东线天然气管道的开通及投产仪式。中俄东线天然气管道国内部分北起黑龙江省黑河市，南至上海，管道全长5111千米。全线分北、中、南三段建设，途经包括黑龙江、内蒙古、天津、江苏、上海在内的9个省、自治区、直辖市。目前，北段和中段均已投产运营。在2020年末，管道的中段投入了商业运营。

（2）煤炭

俄罗斯是重要煤炭出口国，近十年来煤炭出口量在世界煤炭出口量稳居第三，2022年世界煤炭出口量为13.78亿吨，其中印度尼西亚、澳大利亚、俄罗斯分别占比33.8%、25.1%、15.3%。随着近几年煤炭消费上升，煤炭行业地位逐渐提升，俄罗斯煤炭也在加速布局，提高开采计划以及物流运输能力。2023年我国从俄罗斯进口煤炭约1.02亿吨，与2022年相比，进口数量增长超过50%，创下新高。俄罗斯是我国第二大进口煤炭来源国，进口份额占比高达22%。2023年俄煤平均每吨成本约为982.84元，比前一年下降了213元。俄罗斯是重要煤炭出口国，预计2024年前俄国煤炭年开采量达到4.48亿~5.30亿吨。

2024年以来，黑龙江绥芬河铁路车站进口煤炭累计完成123.1万吨，同比增加55.7万吨，增幅达81%。在国际联运运输中，绥芬河铁路车站实行24小时敞口接车，准确掌握煤炭入境时间和数量，在海关、边检等部门支持下，实行进口煤炭"先换后放"措施。确保每天换装3批煤炭作业，缩短煤炭入境后在口岸的停留时间。同时，绥芬河铁路车站充分发挥"数字口岸"优势，积极与海关、企业密切配合，实现票据信息多方共享，持续提升进口煤炭运输效率。

（3）粮食

2024年第一季度，俄罗斯向中国出口了价值1.25亿美元的粮食，创历史新高。其中，1—3月，中国对俄罗斯大麦的采购量增加了8.4倍，达到6030万美元，从俄罗斯进口的燕麦增长了2.7倍，达到1470万美元；荞麦进口增长了3.3倍，达到2010万美元。

目前，位于黑龙江省五大连池市的双鑫农业科技有限公司成功引进了1000吨俄罗斯大豆，通过黑河公路口岸进入中国。该公司的负责人透露：企业在2022年取得了进出口贸易的资质，俄罗斯大豆不仅减少了运营成本，还增强了经济效益，公司计划在今年内采购1万~2万吨的俄罗斯大豆，销往欧盟、亚洲和非洲等地。

（4）水产品

近年来，随着中俄贸易往来持续加深和货物进出口更加便捷，两国间越来越多的特色美食得以端上彼此餐桌，当中备受中国消费者青睐的俄罗斯帝王蟹，更是实现了水陆空"三栖"入境。

俄罗斯蟹业集团是俄远东地区最大的螃蟹捕捞公司之一。2024年俄罗斯蟹业集团蟹类捕捞配额增至1.82万吨，其中约80%将出口至中国。黑龙江省白马进出口贸易有限责任公司于2023年6月份在绥芬河成立，截至目前俄蟹进出口贸易额已突破4亿元。2024年1月10日，5车总重量达21吨，货值700多万元

振兴之路

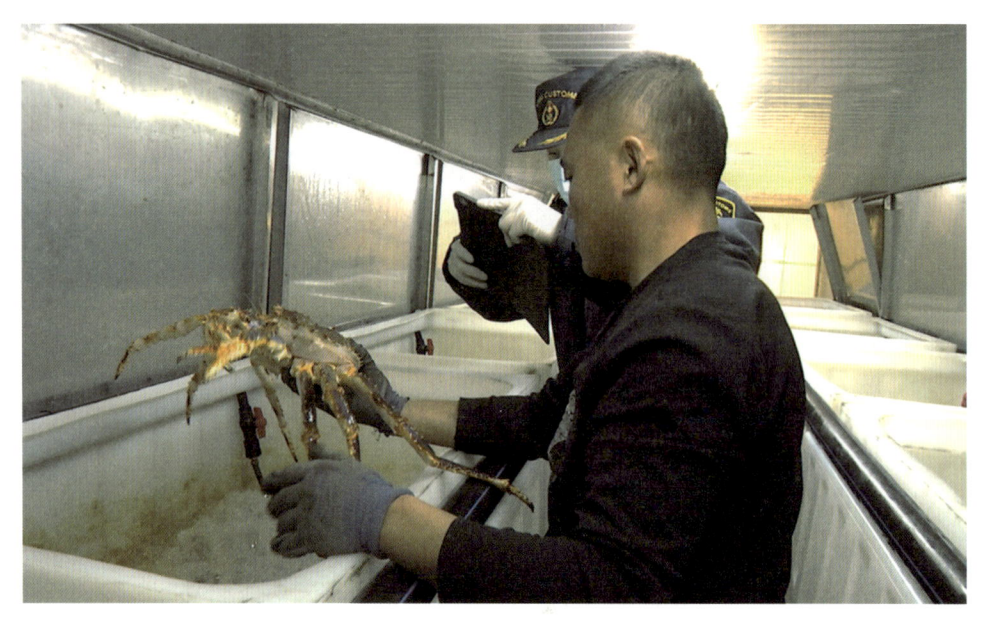

东宁口岸进口的帝王蟹（中共东宁市委宣传部 供图）

的俄罗斯鲜活帝王蟹经东宁口岸进境通关，这也是新年伊始，东宁口岸进口的首批鲜活帝王蟹。据企业介绍，这批帝王蟹捕捞自鄂霍次克海，平均规格2～3千克，帝王蟹进境后大部分分销至上海和浙江等地。2024年4月18日，哈尔滨太平国际机场进境食用水生动物指定监管场地正式投入使用。来自遥远的巴伦支海的俄罗斯鲜活蟹类进入"空中通道"，由飞机运至哈尔滨后，1小时即可配送至市辖区各大市场，2～3小时配送至毗邻城市，满足市民消费需求。

3. 商品结构不断优化

近年来，黑龙江省出口产品结构优化，机电产品比重大幅提升。2023年，黑龙江省出口机电产品315.4亿元，同比增长65.9%，其中，出口汽车56.6亿元，同比增长67%；出口劳动密集型产品145.4亿元，同比增长57%；农产品出口额达到79.8亿元，同比增长了6.4%。同时，被誉为"新三样"的产品（锂电池、电动载人汽车、太阳能电池）在出口市场上表现抢眼，出口额为12.2亿元，同比增长 68.8%。其中，黑龙江省与俄罗斯各地区的贸易结构也是相当多样化，共有 700 多个商品种类，在能源、水产品、汽车方面尤为出彩。

一声漫长而洪亮的火车鸣笛"呜——"响起，一列满载 55 个集装箱、共计 110 辆新能源汽车的中欧货运列车，从哈尔滨国际集装箱中心站缓缓出发，经同江铁路口岸驶向欧洲。该线路为 2023 年黑龙江省在既有国产商品汽车、二手汽车中欧班列服务的基础上，新设立的国产新能源汽车中欧班列路线。

2024 年 3 月 19 日，黑龙江省交通投资集团有限公司携手黑龙江向北出行投资控股有限公司共同举办了哈尔滨至莫斯科汽车出口中欧专列的启程仪式。该班列装载了 152 辆国产汽车品牌，通过绥芬河口岸出境，最终抵达俄罗斯首都莫斯科，货物总价值达到 3140 万元人民币。

汽车经绥芬河口岸出境（中共绥芬河市委党校 供图）

（二）贸易业态模式不断创新

1. 充分发挥互市贸易兴边富民作用

边民互市贸易是我国边境地区所特有的贸易形式，更是我国扩大对外开放、促进边境地区繁荣发展的重要途径。党的十八大以来，黑龙江省着力推动对俄贸易业态模式不断创新，发展边民互市贸易专业合作社，开展互市贸易商品落地加工，建设互市贸易（点）交易市场，创新"互市贸易+跨境电商"等模式，推动互市贸易规模和范围不断扩大。

2020年10月，在自贸区黑河片区，格润粮油作为黑龙江省互市贸易进口大豆落地加工首个定点企业，正在开展订单式生产。同年5月，黑河被商务部批准纳入国家首批边民互市贸易商品落地加工试点地区，边民通过互市贸易进口的生活用品，除列入边民互市进口商品不予免税清单的，每人每日价值在人民币8000元以下的，免征进口关税和进口环节税。这既增加了边民收入，也减轻了企业的税收负担，格润粮油公司每吨大豆节省达180~300元，真正享受到了开放政策的福利。

2024年，同江市中俄水运边民互市贸易区正式运营，来自俄罗斯的盐渍大马哈鱼和烟熏大马哈鱼被抢购一空；绥芬河建设龙江交投国际物流港加工园区，在园区内将通过互市贸易进口的亚麻籽、油菜籽等农产品落地加工，带动互市贸易落地加工产业集群建设，助推龙江兴边富民见到实效。

2. 构建"买全俄卖全国 买全国卖全俄"经贸格局

依托跨境电商综合试验区，黑龙江省推动跨境电商新业态加速发展。各边境口岸通过建设跨境电商产业园、打造跨境电商直播产业集群、发展跨境电商货运物流"多仓联动"等方式，加快构建"买全俄卖全国　买全国卖全俄"经贸格局。

2023年6月15—19日，第三十二届哈洽会在哈尔滨举行，绥芬河展区以"买全国卖全俄　买全俄卖全国——买俄货就到绥芬河"的主题惊艳亮相，并在现场开展俄罗斯商品展销活动。在哈洽会的开幕日当天，"李粒粒在俄国""杨文龙在俄国"等流量主播进驻场地现场直播带货，累计进入直播间人次突破300万，网络销售额达到400余万元。

2014年，绥芬河市获批成为国家跨境贸易电子商务试点城市；2015年，获批国家电子商务示范基地；2019年，国务院批复成立中国（绥芬河）跨境电子商务综合试验区。伴随着国家政策持续赋能，绥芬河综合运用跨境电商、数字化平台等途径，着力打造"买全俄卖全国　买俄货就到绥芬河"特色品牌，线下与线上销售比翼齐飞，已经成为中国最大的俄罗斯商品集散地。

在进口方面，绥芬河打造了"绥芬河四叶草""绥芬河真品会"两大跨境电商进口商品平台，面向全国各地线上销售进口的保健品、奶粉、日化等100多种商品，为国内消费者提供良好的购买体验。尤其是着力建设了罗斯帝国跨境电商直播基地，以直播营销的形式搅热俄货市场，将更多俄罗斯商品卖往全国，也扩大了"买俄货就来绥芬河"品牌的影响力和知名度。罗斯帝国跨境电商直播基地，在2020年正式投入使用，在2021年成功获批了"省级直播电商共享示范基地"，已经成为一家集短视频直播电商、电商主播孵化、直播供应链、传统商贸企业电商化转型升级为一体的综合性直播基地。

"创业何必去远方，绥芬河就是好地方。"绥芬河一家企业的创始人王春雷这样说道。绥芬河片区创新开发了"中俄跨境电商创客孵化基地"，并将其打造成为高校毕业生、退役军人等重点群体在绥芬河创业就业的重要平台和绥芬河"买全俄卖全国"的亮丽名片。

在出口方面，2022年9月末，绥芬河市青云市场获批市场采购贸易方式试点。绥芬河推进跨境电商和传统民贸市场的高度融合，着力打造青云跨境电商产业园，对接俄罗斯多样化需求，加快实现"买全国卖全俄"。

跨境电商逐渐成为绥芬河带动地方经济的新突破口。截至 2022 年，绥芬河拥有电商经营主体 8367 家，跨境电商贸易额达 6.2 亿元，网络零售额 10.7 亿元，拉动就业 2.5 万人次，快递发寄量 5000 万件；2024 年前 6 个月，跨境电商销售额同比增长了 6 倍。

黑龙江省正在加快推动跨境电商贸易突破发展。在跨境电商载体建设上，充分发挥哈尔滨、黑河、绥芬河、同江跨境电商综试区等平台作用，推动跨境电商企业持续聚集；在拓展海外仓布局方面，多家企业已在俄罗斯、美国、荷兰、意大利等 7 个国家设立 39 个海外仓，实现了商品在目的国的本地销售、本地配送。截至 2023 年，黑龙江省跨境电商出口辐射到 104 个国家和地区，其中"一带一路"沿线国家 18 个、RCEP 成员国 9 个。2023 年，黑龙江省跨境电商贸易额增长 144.2%。

3. 对俄服务贸易快速增长

依托于科教优势基础扎实、资源丰富的中医药产业，黑龙江省中医药服务贸易独具特色，获得国内外广泛关注。黑龙江中医药大学，同 30 多个国家和地区的 40 多所医学院校或研究机构签订协议、互派留学生，是全国首个在海外开设中药学学士学位课程的机构，并发起成立了"中俄中医药创新发展联盟"，建设了哈尔滨国际中医药培训基地。

黑龙江省商务厅积极推动中医药服务出口贸易发展。2023 年 5 月，黑龙江省商务厅在俄罗斯哈巴罗夫斯克（伯力）举办了"2023 年中国黑龙江省 – 俄罗斯哈巴罗夫斯克边疆区中医药服务贸易推介洽谈会"，为推动中俄传统医学合作搭建了重要平台。同年 7 月，黑龙江省商务厅组织参加了第七届中俄博览会，在现场向俄罗斯患者们展示了中医针灸、推拿、正骨等中医技法，这些一次治

第五章　构筑我国向北开放新高地

疗或者体验就有明显效果的治疗方式，受到了俄罗斯患者的认可，自制的中药产品香囊、口红、中药皂等产品也被抢购一空。同年8月，在第九届中国（绥芬河）国际口岸贸易博览会中，黑龙江省中医药科学院和绥芬河市人民医院共同展示、推广了中药健身锤、药枕、香皂等产品和大健康产品，受到俄罗斯客户的称赞。

（三）合作领域逐步拓展加深

1. 中俄跨境旅游日渐火热

在热气腾腾、香味四溢的摊位前，挤着几位俄罗斯朋友，等待刚出锅的包子；旁边拎着啤酒吃着蛋堡的"洋面孔"，正探头寻找下一家美食。这是自2023年9月黑河恢复中俄互免签证团体旅游业务以后，在黑河早市上常见到的场景。

黑河与俄罗斯布拉戈维申斯克（海兰泡）隔江相望，是中俄边境线上一对规模最大、距离最近、规格最高的对应城市，最近处仅有650米，乘船7分钟就可以渡过界江、往返两国。两座城市被形象地誉为"中俄双子城"。

对于这些穿梭于早市的"洋顾客"，当地人早已习以为常。36岁的黑河居民范女士说，自她记事以来，黑河当地集市就备受俄罗斯人的喜欢，不过受疫情影响，前几年黑河街上的俄罗斯人大幅减少。直到恢复中俄互免签证团体旅游业务后，当地集市再现洋面孔扎堆的热闹景象。截至2024年10月8日，黑河口岸当年出入境游客数量突破70万人次，同比增长160%。

黑龙江跨境游"多点开花"。来自俄罗斯的游客可以乘坐中俄跨境游专列来到同江吃江鱼，感受鱼皮手工艺品的魅力；国内游客可以沿着"北京—抚远—俄罗斯哈巴罗夫斯克（伯力）旅游线路"先来到抚远，参观抚远鱼博馆，打卡东极鱼市，感受东极宝塔的雄伟壮观，到抓吉赫哲族村民俗馆了解渔猎民族传

振兴之路

俄罗斯人在黑河当地集市（张金生 摄）

统生活，再通过抚远口岸出境，前往俄罗斯哈巴罗夫斯克（伯力）市，漫步阿穆尔河畔公园，品味正宗俄餐，逛穆拉维约夫大街，尽情感受俄罗斯的历史古迹和异域风情。

2. 文化交流深化民心相通

2024年，是中俄两国建交75周年，也是中俄文化年。在这一年的春节，"中俄双子城"共迎龙年、年味十足。

在黑河市爱辉区新生鄂伦春族民族乡，"爱上中国年"中俄文旅交流活动举行，俄罗斯游客体验拉爬犁、滑雪圈、雪地兔子舞等冰雪娱乐项目，摩苏昆说唱、制作撮罗子等鄂伦春民俗。在冰雪文旅的愉快氛围中，俄罗斯游客与中国鄂伦春族同胞一起写春联、贴窗花、做冰糖葫芦，齐喊"包饺子、煮饺子、吃

爱上中国年·包饺子（王颖 摄）

振兴之路

饺子",金发碧眼的"洋朋友"也恋上中国人的"饺子情结"。

在黑龙江对岸,俄罗斯布拉戈维申斯克(海兰泡)市,"龙行龘龘·中国年"中俄文化交流活动隆重举行,中俄艺术家联袂演绎歌曲《我爱你中国》、戏曲《梨花颂》等12个以中国传统文化为主要内容的展演节目。演出结束后,俄罗斯舞蹈演员喀秋莎仍沉浸在喜悦的情绪中,她说:"我很喜欢中国春节,也喜欢中国文化,希望以后能有更多机会感受中国的节日。"

爱上中国年·写对联(王颖 摄)

俄罗斯小朋友戴着"龙头小帽",拿着生肖龙的玩偶,学习写福字、编中国结、品茶艺。俄罗斯市民纷纷学习中国的蹴鞠游戏、传统书法,感受着中国独特的文化魅力。

中俄文化交流活动的火热,是黑龙江省对俄人文合作不断深化的一个重要体现。十多年来,黑龙江省与俄罗斯在地方政府交往、经贸合作、人文交流等多方面多领域持续取得丰硕成果。

3. 对俄地方合作渐入佳境

黑龙江省与俄罗斯毗邻的5个边区（州）建立了省州长定期会晤机制，多次举行省州长会晤活动，就扩大双方经贸、文化、体育、旅游、卫生、教育、农业等各领域合作深入交换意见，推动黑龙江省对俄合作不断深入。由黑龙江省担任中方主席单位的中俄友好、和平与发展委员会地方合作理事会成员已经扩大到中方18个省（区、市）和俄罗斯68个联邦主体，成为中俄政治互信、地方合作和中俄世代友好的有力推动者。同时，多次举办黑龙江省－广东省－俄罗斯哈巴罗夫斯克（伯力）边区三方省州长视频会晤和经贸交流活动，就开辟新的物流运输通道、扩大经贸投资合作等深入协商，并签署合作意向书。

积极探索友城合作模式，服务对外开放合作新局面。伊春市与俄罗斯比罗比詹、加拿大卡姆罗斯、德国巴特维尔东根、罗马尼亚阿祖加4个国际友城保持密切联系，互派高规格代表团考察访问，互邀参加重要节庆活动；齐齐哈尔市携手对口合作城市广州市，共同与俄罗斯四座重要友好城市加强联系，组建中俄"两国六城"友城交往新矩阵……黑龙江各城市多次举办中俄文化大集、中俄体育交流大会、中俄友谊横渡黑龙江、中俄青少年文化艺术交流周等系列活动。

2024年5月18日，"中俄体育交流周"开幕式在哈尔滨举行，开启了为期一周的中俄体育赛事交流活动。当日分别在哈尔滨呼兰河口湿地公园和哈尔滨市道外区中华巴洛克街区内举行了中俄自行车联赛、国际象棋友谊赛、三人篮球邀请赛，来自俄罗斯滨海边疆区、阿穆尔州、哈巴罗夫斯克（伯力）边疆区等地，以及中国多地的200多名运动员和爱好者参加了比赛。

在中俄自行车联赛中，俄罗斯选手沃贝罗夫·亚历山大获得了精英组亚军。作为一名资深骑行爱好者，沃贝罗夫·亚历山大多次来到黑龙江参赛。他说："我来过黑龙江很多次，这是我第一次在呼兰河口湿地比赛，这里的风景非常美，临河骑行，绿树环绕，是一次非常难忘的比赛经历。通过比赛让我认识了很多中国朋友，希望两国可以举办更多的交流赛事，开展更多两国人喜爱的体育项目。"

黑龙江对俄交流不断拓展深入，得益于地缘优势和坚实的社会和民间交往基础，其逐渐成为密切我国与俄罗斯地方友好往来、深化民心相通的重要桥梁和纽带。

黑瞎子岛中俄国际合作示范区引领高水平地方合作。2024年5月，俄罗斯联邦总统普京对中国进行国事访问。中俄双方签署《中华人民共和国和俄罗斯联邦在两国建交75周年之际关于深化新时代全面战略协作伙伴关系的联合声明》，在声明中强调要遵循睦邻友好、尊重国家主权的原则共同开发黑瞎子岛（大乌苏里岛）。中俄双方加快协商《中俄船只在黑瞎子岛（塔拉巴罗夫岛和博利绍伊乌苏里斯基岛）地区周围水域航行的政府间协定（草案）》文本。

当前，黑龙江省正以黑瞎子岛中俄国际合作示范区为引领，围绕"一区两岛、一城两港"定位，构建"1+5"产业片区，即推进中俄国际合作示范区建设，推进外贸加工区、东极新区、抚远经开区、互贸商品落地加工区以及境外园区5个产业园区建设，实现岛上岛下协同发展，推动中俄两国地方合作进一步深化和发展。2024年10月21日，黑瞎子岛公路口岸项目在抚远正式开工建设，将进一步提升中俄两国互联互通水平。

黑龙江省开展对俄经贸合作具有良好的传统、坚实的基础和丰富的经验，也为扩大中俄战略合作作出了重要贡献。2024年5月，在中俄建交75周年之际，习近平主席与普京总统在北京举行会谈并共同签署两国联合声明，擘画了中俄新时代全面战略协作伙伴关系发展新愿景、新蓝图，也为黑龙江省深化对俄经贸合作提供了战略指引。黑龙江将继续强化政治担当，胸怀"国之大者"，牢牢把握黑龙江在国家发展大局中的战略定位，认真落实两国元首重要共识和《联合声明》，聚焦打造向北开放新高地的目标，统筹贸易、投资、通道和平台建设，全面提升经贸合作层级，促进中俄互利合作和贸易稳定增长，更好服务和融入共建"一带一路"。

二、建设现代化综合对外开放大通道

交通是兴国之要、强国之基。2019年，中共中央、国务院印发《交通强国建设纲要》，规划了我国建设交通强国的发展蓝图。《黑龙江省国土空间规划（2021—2035年）》明确提出要构筑多层次综合交通和物流枢纽体系，全面融入构建新发展格局，保障口岸集群发展空间。黑龙江省注重把握维护国家"五大安全"的重要使命，全面落实建设交通强国的各项部署，积极参与"一带一路""中蒙俄经济走廊"建设，深化对俄沿边开放，积极推进与日、韩、蒙等国经济合作，建立以哈尔滨为中心，以牡丹江、佳木斯等区域中心城市为依托，以黑河、绥芬河、东宁、同江、抚远沿边口岸城市为节点，一线贯穿、多点向外的沿边开放格局。

2024年上半年，黑龙江省进出口总额同比增长9.7%，高于全国3.6个百分点。其中，出口同比增长21.5%，高于全国14.6个百分点。亮眼的成绩离不开强有力的基础设施保障，在参与"中蒙俄经济走廊"建设过程中，黑龙江大桥、同江中俄铁路大桥、黑河跨江索道、黑瞎子岛保护与开放等与俄跨境基础设施互联互通取得突破性进展。中俄原油管道二期投入运营，中俄东线天然气管道开始输气，"东出西连、南北贯通"的国际大通道建成，哈欧、哈俄班列和"哈绥俄亚"陆海联运常态化开通运营，哈尔滨国际航空枢纽加快建设。到2035年，黑龙江省将基本建成"国内国际联通、网络布局完善、通道匹配合理、枢纽衔

振兴之路

接高效、多种运输方式融合"的现代化高质量综合立体交通网。

（一）谱写物流乐章，打造国际枢纽

当"一带一路"倡议如同一首宏伟的交响乐在世界舞台上奏响时，位于祖国北疆的黑龙江抓住了时代的脉搏，确立了自己的发展旋律。推动跨境基础设施多点对接、互联互通，打造国际物流集散枢纽成为黑龙江加快形成全方位对外开放新格局的重要突破口。截至 2024 年，黑龙江省的国家一类口岸数量达到 27 个，其中包含 19 个中俄边境口岸和 4 个航空口岸。黑龙江省的口岸群体，水陆空俱全，客货运兼有，它们如同乐谱上精心编排的音符，奏响了陆上通欧洲，海空连世界的开放乐章。这样的成绩来之不易，黑龙江对外开放大通道的建设是工程技术的极限创新，也展现了人类对自然的深刻理解和尊重。

随着中俄战略合作的全面深化，黑河—布拉戈维申斯克（海兰泡）黑龙江大桥（简称黑龙江大桥）的建设动议应运而生。这是我国高纬度寒冷地区首座钢结构矮塔斜拉桥，它横跨在中俄两国东北地区与远东地区之间，架起了一条崭新的国际运输动脉。

28 年，这是项目建设的酝酿时间。黑龙江大桥项目于 1988 年 7 月动议建设，经过中俄双方政府代表团的多轮艰苦会谈，两国在 1995 年 6 月共同签署了《中华人民共和国政府和俄罗斯联邦政府关于共同建设黑河—布拉戈维申斯克（阿穆尔河）大桥的协定》(简称《建桥协定》)。2005 年，国家发展和改革委员会批复了项目工程可行性研究报告，但由于俄方原因，项目未能开工建设，一度处于停滞阶段。

33 轮，这是从 2013 年到 2015 年中俄两方代表团会谈的次数。由于关乎国家利益，每一项议案、每一个细节，都必须经过严谨的推敲和打磨。会议在这种高强度、高密度的工作节奏中进行，随着一个又一个难题的攻克，双方就 28

个领域、190多个议题达成了共识，开创了"共贷共建、同步实施、统一运营、收费还贷"的跨境基础设施建设新模式。这种新模式不仅解决了大桥建设的资金问题，更为双方在设计、开工、建设、运营和维护等方面的协调统一提供了保障，也为今后跨境交通基础设施建设探索出了一条新的路径。

零下50摄氏度，这是建桥工人作业的温度，也是建桥钢材必须适应的极寒天气。这座大桥的主桥钢梁采用了Q420桥用F级耐候钢，一种专为这座桥梁量身定制的特种钢材。它在零下60摄氏度的极寒中，依然保持着卓越的冲击韧性，同时，桥梁钢板的创新带动了焊材、螺栓等配套材料及焊接方法的创新，填补了我国在这一领域的空白。

2022年6月10日，黑龙江大桥正式通车，成功入选交通运输部"一带一路"交通运输十大典型案例。一座大桥让两座边城"连"在一起，两座城市互通有无，获得了巨大的发展空间。同黑龙江大桥一道，同江中俄铁路大桥、哈尔滨国际航空枢纽等跨境通道的建设共同见证着黑龙江将"天堑"变"通途"的努力。

2022年4月27日建成通车的同江中俄铁路桥位于黑龙江省同江市，横跨黑龙江，全长6735.91米，主桥长2215.02米，其中中方境内主桥长约1886米，是中俄界河上的第一座铁路大桥，将同江市与俄罗斯犹太自治州的下列宁斯阔耶紧密相连。建设者们面对坚冰、冻土、涌砂等自然难题，展现出了非凡的勇气和智慧。他们创新了防腐涂装、高栓施工、深水围堰清淤等工艺技术，确保了大桥施工的安全与质量。同江中俄铁路大桥的建成，不仅开辟了一条新的连俄通欧的国际大通道，更使国内的铁路网络与俄远东地区至西伯利亚铁路相连，为加强中俄经贸往来、推动"一带一路"建设发挥了重要作用。

绥芬河是黑龙江省距离港口最近的口岸，与俄罗斯"滨海1号"运输走廊有效对接。绥芬河口岸开通了"哈绥符釜"陆海联运大通道，使黑龙江省内货物能够"借港出海"，可运抵日韩及我国南方15个港口。绥芬河成为黑龙江通

振兴之路

中俄边境黑龙江大桥（郭俊峰 摄）

第五章　构筑我国向北开放新高地

振兴之路

海达洋、走向世界的"黄金通道",也是"一带一路"及中蒙俄经济走廊陆海联运大通道上的重要枢纽。

在辽阔的中国版图上,黑龙江宛如一颗璀璨的明珠,静静镶嵌在东北的边缘。然而,当我们将视野扩展到世界地图,黑龙江则跃然成为东北亚的心脏地带,承载着连接四方的重任。黑龙江充分发挥地缘优势,积极推进空中通道建设,书写着从边陲到中心、从末梢到前沿的华丽篇章。2024 年 1—8 月,哈尔滨太平国际机场开通了 14 条国际客运航线,运送国际旅客 33.3 万人次,同比增

绥芬河口岸·"百年口岸"(中共绥芬河市委党校 供图)

长104.3%。在这些航线中，对俄航线尤为突出，数量位居全国第二。与此同时，随着客运量的不断增加，货运通道的建设也在加速推进，以满足日益增长的物流需求。

2013年11月，国内首条对俄电商货运包机航线——哈尔滨至俄罗斯叶卡捷琳堡货运包机航线开通。2016年10月，哈尔滨利用距北美空中直线距离国内最短的地缘优势开通北美快件业务。2023年9月11日，一架装载38.7吨跨境电商货物和普通贸易货物的飞机从哈尔滨机场起飞，直飞美国洛杉矶，这是继开通温哥华"客改货"包机航线后，哈尔滨太平国际机场开通的又一条至北美的"客改货"包机航线。该航线的开通将提升黑龙江省国际货运运力，完善航线网络布局，畅通外贸进出口企业国际物流通道。在这里，创新的"干支通、全网联"服务模式正在不断推进，以哈尔滨为中心，辐射全国重要城市，延伸至俄罗斯、日本、韩国等周边国家，远至欧美主要国家的航线网络布局日趋完善，一个以哈尔滨为枢纽的国际航空网络已初具规模。

黑龙江省推动口岸与枢纽城市双向互动，形成东北地区陆路对外开放型综合货运体系。哈尔滨国际集装箱中心站是黑龙江对欧贸易的前沿和物流平台，集装箱年设计吞吐量300万吨，从哈尔滨始发的班列都需要在这里装卸发车。2015年2月28日，一列满载石油勘探设备的集装箱货运班列从哈尔滨开出，经俄罗斯西伯利亚大铁路到达比克良站，全程运行6578千米，这标志着我国最北省份黑龙江首趟中欧班列正式上线运营。黑龙江省到达俄罗斯中部地区的货物通过中欧班列运输将比空运缩短2/3以上距离，运费节省3/4左右。作为全国重点建设的18个集装箱中心站之一，哈尔滨国际集装箱中心站可与国内其他17个中心站铁路直达，实现集运输、仓储、集散、通关功能为一体的国际集装箱物流集散中心功能，覆盖天津、长沙、广州、苏州等60个城市，已成为中俄铁路东部物流大通道的关键节点。

2023年7月，哈尔滨市被赋予了新的历史使命，获批成为国家综合货运枢纽补链强链支持城市。黑龙江正迈向一个新的发展阶段，这里将成为陆海联运的集结中心，汇聚四方资源，保障国家的战略需求；成为对俄蒙国际贸易的物流中心，架起连接亚欧大陆的桥梁；成为北方装备制造与交通物流融合发展的创新中心，推动产业升级和技术创新；成为农产品和原材料等大宗商品的外运集散中心，为国内外市场提供稳定的供应，从而为构建新发展格局提供有力支撑。

（二）铸造管道长河，守护能源之流

能源安全是关系国家经济社会发展的全局性、战略性问题。在能源安全新战略指引下，我国能源系统坚定不移地推进高水平对外开放，统筹用好国内国际两个市场、两种资源。黑龙江省以其优越的资源禀赋和重要的地理位置成为国家能源战略的关键一环。在这片辽阔的土地之下，有管道长河蜿蜒穿行，它们是中俄原油管道和中俄东线天然气管道。其中流淌的原油和天然气不仅保障了区域的能源供应，更为国家的能源安全作出了重要贡献。

中俄原油管道，是中国四大能源战略通道之一，也是个难啃的"硬骨头"。从 1994 年到 2009 年，历经 15 年的马拉松式谈判终于一锤定音，两国政府签署的《关于石油领域的合作协议》、贷款协议、管道建设、原油贸易合同于 2009 年 4 月 21 日开始正式生效。2009 年 5 月 18 日，彼时的黑龙江省漠河市兴安镇，白桦刚露出嫩芽，茫茫林海上空风起云动，霞光从云层中露出，15 年来一路风雨的萧瑟之路，终于在黑龙江边迎来开工的"艳阳天"，中俄能源合作迎来了一个新时期。作为我国油气进口东北方向的一条战略要道，中俄原油管道起点为俄罗斯东西伯利亚—太平洋原油管道斯科沃罗季诺分输站，在腾达穿越黑龙江省到达漠河，终点为中国漠河—大庆原油管道漠河首站。遵照双方约定，自 2011 年 1 月 1 日起，"黑色的金子"日夜不停流淌在管道长河之中，它们从俄罗斯逶迤而来，穿越黑龙江底，再经过933.85千米的穿行，抵达大庆。

这条来之不易的管道穿过广袤沼泽、原始森林、地质断裂带，特别是要在零下60摄氏度的极端严寒天气和永冻土进行地下穿越。其中，黑龙江穿越工程被俄方称为"穿越禁区"和"世界级难题"。工程团队穿越500千米原始森林无人区和永冻土地带，在极端寒冷和复杂地质条件下，采用焊接自动化、补口机械化、检测智能化的"三化施工"技术，不仅保证了施工质量，还提高了焊接速度，创造了高纬度极寒地区管道建设180天焊接800千米的"中国速度"。

中俄原油管道二线工程是中俄两国能源领域合作的重大成果。这条管线设计年输油能力1500万吨，对于填补我国东北地区石油资源供应缺口，优化国内油品供输格局，进一步保障国家能源供应安全具有十分重大的意义。奔涌的石油，如同血液在地下动脉安稳运行，支撑着的是中国石油市场稳定的心跳。

与原油管道并行，中俄东线天然气管道同样承载着重要的使命。"广大工程建设者爬冰卧雪、战天斗地，高水平、高质量地完成建设任务，向世界展示了大国工匠的精湛技艺。"2019年12月2日，在这条天然气大动脉的通气仪式上，习近平总书记对广大管道建设者的激励令人心潮澎湃，催人奋进。在黑河首站，工作人员在控制室内紧张有序地工作，确保天然气的稳定供应。这里不仅是中俄东线天然气管道的"国门第一站"，更是连接两国能源合作的桥梁。黑河市已经开始使用俄罗斯天然气，大幅降低了液化天然气的运输成本，惠及了全市6000多户居民。

这条横跨中俄两国的能源大动脉起自俄罗斯东西伯利亚，由布拉戈维申斯克（海兰泡）进入黑龙江省黑河市，终点在上海市白鹤末站，全长5111千米。它的建成，在我国天然气整体流向"自西向东"的基础上，增加了"北气南下"流向，大大改善了我国天然气管网格局。中俄东线天然气管道输送的天然气已用于黑龙江、北京、天津等地，对优化我国能源结构，助力蓝天保卫战，促进沿线地区经济增长具有重大意义。

随着"一带一路"倡议的深入实施,能源电力等基础设施的作用日益凸显。在黑龙江电网与俄罗斯远东电网的联系图上,一条条红、蓝、绿色交织的输电线路筑起了电力合作的"高速公路",这些跨境的国际输电线路,实现了黑龙江省乃至全国与俄罗斯能源深层次的互联互通。

对俄购电项目一直是中俄两国政府能源领域的合作项目之一。1992 年 7 月 1 日,110 千伏布黑线正式合闸送电。2011 年 11 月 29 日,500 千伏中俄直流联网输电项目建成竣工,这条电力巨龙跨越国界,将中俄两国的能源网络紧密相连。2012 年 4 月 1 日投入商业运营的 500 千伏中俄直流联网黑河背靠背换流站工程,是目前中国从境外购电电压等级最高、容量最大的一个输变电工程。中俄两国围绕能源开展了更深层次的合作,黑龙江省电力公司规划了输电"四大通道",建设大型火电、水电基地,加快实现"北电南送"的战略布局。

2023 年,中国自俄罗斯进口原油 1.07 亿吨,进口液化天然气 800 万吨,俄罗斯经输气管道对华供应天然气 227 亿立方米,累计进口俄电超 300 亿千瓦时。这些数字是中俄务实合作的见证。正随着"气化龙江"战略的深入实施,大庆油田庆哈管道与中俄东线的正式连通,进一步增强了区域的能源保障能力。随着这些能源动脉的不断延伸和完善,黑龙江省将继续作为国家能源战略的重要支点,为建设社会主义现代化强国贡献力量。

(三)绘制口岸画卷,彰显时代辉煌

在中国全方位对外开放的宏伟蓝图中,黑龙江省以其独特的地理位置和战略意义,绘制着一幅口岸业务繁荣的绚丽画卷。这幅画卷不仅映照着地方经济的蓬勃发展,更是国家对外开放和区域协调发展战略的重要组成部分。随着口岸业务辐射范围的不断拓展,黑龙江省正成为连接东北亚与欧洲、沟通陆海新通道的关键枢纽。这幅画卷上,每一条新增的航线和铁路,都如同细密的丝线,将中国的发展故事与世界紧密相连。口岸的每一次升级和创新，都是对这幅国家开放发展大画卷的精心着色，彰显着时代的辉煌与进步。

作为"火车拉来的城市"，绥芬河是我国首批沿边对外开放城市之一，有着"百年口岸"的美誉，汽笛声在此已经回响了120年。东出西联、南下北上，边境小城如今成为"开放前沿"。绥芬河站是黑龙江省最大的对俄铁路口岸站，是中欧班列"东通道"的重要口岸之一，年过货能力达到3000万吨。截至2024年10月20日，今年绥芬河铁路口岸进出境中欧班列775列、运送货物7.4万多标准箱，同比分别增长16%和10%。如今，"钢铁驼队"在绥芬河铁路口岸昼夜不停地运行，架起了一条连通世界的货运"黄金通道"。经绥芬河铁路口岸出境的中欧班列已通达10多个欧洲国家，入境班列覆盖国内25个主要城市，运输货物从最初的电器产品扩大到日用百货、工业机械、农副产品等14大品类，辐射带动效应日益凸显。依托于中欧班列整车国际联运的运输方式，绥芬河铁路口岸加速要素资源跨国流动，吸引了国内多家知名木材加工企业落户绥芬河，推动形成了上中下游全链条、产业内相互匹配的发展业态。截至2023年，已有3800余家企业入驻中国（黑龙江）自由贸易试验区绥芬河片区，口岸城市正由"通道经济"向"产业经济"加速转型。

同江港是黑龙江省水运第一大港，已经形成了集口岸水运、江海联运、汽车轮渡、气垫船和浮箱固冰通道为一体的现代运输网络。其中，同江口岸西港更是黑龙江省第一大外贸港，拥有港口千吨级泊位12个，建有铁路专用线4.8千米，配备各种装卸设备50余台套，有船舶54艘，年货物吞吐能力达460万吨。同江口岸西港也是松花江最末端港口，口岸陆域面积48万平方米，可通行3000吨级船舶，运输货物种类繁多，能够满足不同运输需求。同江口岸依托铁路和水路两大运输通道优势，积极构建多层次、多模式、多功能、多业态的现代化口岸物流体系，不断优化通关环境，提高通关效率。

2022年8月23日，一艘载有15台客车的货船，缓缓驶离同江口岸西港水运码头，开始了它的远航。这不是一次普通的航行，而是一次效率革命的见证——"抵港直装"模式的实施，让通关流程变得前所未有的顺畅。"抵港直装"通过提前申报、卡口触发运抵、根据指令分流放行等措施，使得海关放行的货物能够直接装船离境。企业可以根据自身的生产计划与码头"预约"抵港时间，灵活安排库区装货出厂，每一个环节都精确而和谐，实现了物流的"零库存"，为企业节约通关时间和成本。因为减少了港区物流作业环节，货物从运抵到装船的平均用时缩短至不到 30 分钟，装卸费用降低了 40%。

当我们的目光从港口的繁忙景象中抽离，向着天空望去，就看到了哈尔滨太平国际机场铺展着一条条交错的航线联通世界。这里是构建开放"大通道"的现场，是打造空中"交通网"的工坊，是跑出通关"加速度"的舞台，大进大出、快进快出的生动局面在龙江空港频频上演。黑龙江机场集团在原有国际航线的基础上，全方位拓展了哈尔滨机场至上合、"一带一路"、RCEP 和欧美国家的航线网络。积极织密黑龙江至京津冀、长江经济带、长三角、粤港澳大湾区等地区的航线，畅通了区域协调发展空中大动脉，促进了黑龙江与各大区域板块形成良性互动。同时，哈尔滨机场空港口岸与驻场海关、边检等单位紧密协作，深度优化通关环境，通关便利化水平不断提升。8288 平方米的国际货运临时堆放区，有效缓解了国际货运空侧场地不足的问题。智慧口岸、智慧海关、智慧边检的建设，"互联网+"服务平台的推广，不断优化的服务流程，再加上开辟绿色通道、自助式发运货站模式、"即报、即检、即放"一站式通关、业务最大限度网上办理、24 小时通关等，构成了一套便利化通关的组合拳，确保了口岸效能充分释放。黑龙江省不断加快国际航空枢纽建设步伐，完善航空运输网络，大力推进空铁联运、空地联运等多式联运发展，强化物流保通保畅能力，实现"人享其行、物畅其流"，努力在畅通国内大循环、联通国内国际双循环中发挥更大作用，更好服务全国开放发展大局。

黑龙江省政府全力推动物流业降本提质增效，着重强调加强物流通道建设，持续提升物流业的发展质量、运行效率和营商环境。黑龙江省交通投资集团有限公司以"服务龙江振兴，引领未来交通"为使命，围绕对外货物贸易、服务贸易、跨境电商等重点工程，整合公路、铁路、航空、水运等多种运输方式建设黑龙江省网络货运数字产业园、智慧物流枢纽平台，整合全省的物流数字化资源，实现了物流枢纽的数字化、智能化管理，推动了网络货运产业的发展，极大提高了物流效率，降低了物流成本，增强了口岸的集疏运能力。与此同时，进一步优化营商环境，吸引更多的投资和企业入驻，有力促进了口岸经济的繁荣。

黑龙江省因其得天独厚的地理位置，不仅是中国向北开放的门户，更是连接俄罗斯远东地区与东北亚其他国家的关键节点。当前，俄罗斯"向东看"战略与我国构建向北开放新高地战略高度契合，黑龙江正抢抓机遇，积极响应国家战略，深化与俄罗斯等周边国家的合作，推动"一带一路""中蒙俄经济走廊"建设，大力发展公路、铁路、航空、水运多种交通基础设施建设，畅通国内国际双循环的大通道。同时，积极推动能源合作，通过中俄原油管道、中俄东线天然气管道、俄电等跨境设施建设，为我国能源进口多元化、能源结构优化和能源安全作出重要贡献。

展望未来，黑龙江省将不断完善跨境基础设施，构建安全、便捷、绿色、高效、经济、包容、韧性的综合交通运输体系，打造南北双向链接的东北亚交通枢纽，畅通全面对接俄远东、辐射欧美、通极（北极）达海的国际大通道；不断优化交通网络、提升物流效率、加强国际合作，在全国开放大战略中发挥更加重要的作用。

振兴之路

三、打造高能级开放新平台

一个世纪前，哈尔滨因兴建铁路与世界相连，成为当时远东经济和文化发展的主阵地；而当下，这里因中俄博览会、自由贸易试验区等高水平对外开放平台而备受瞩目。

在全面开放大道上奋力奔跑的黑龙江，除了中俄博览会，还举办了世界5G大会、中国国际新材料产业博览会、哈尔滨国际经济贸易洽谈会，不断深化与共建"一带一路"国家交流，辐射范围正在向全世界延伸。

此外，黑龙江还依托8个国家级外贸转型升级基地、4个省级外贸转型升级基地、7个高水平出口消费品加工区等基地或平台，促进与沿海地区合作，引导加工贸易企业向黑龙江省转移，打造承接产业转移示范园区。

对内开放和对外开放是一个"开放"整体，黑龙江积极承接京津冀、长三角、粤港澳大湾区等地区产业转移；落实新一轮龙粤对口合作协议，组织两省经贸合作交流活动；推动各市（地）建设对口合作园区；加快深哈产业园建设，建成一批质量高、牵动力强的重大项目；加快哈长城市群建设，推进健全多层次常态化协调机制，推动与东北其他省（区）在产业合作、绿色发展、扩大开放上形成更多合作成果。

中国（黑龙江）自由贸易试验区自2019年8月挂牌，就担起打造我国对外开放合作中心枢纽的使命任务，引领对俄罗斯及东北亚的开放走向纵深。

第五章　构筑我国向北开放新高地

大胆试、大胆闯、自主改。黑龙江省约 1/5 的实际使用外资和 1/7 的外贸进出口，仅仅是依靠占全省 3/10000 面积的中国（黑龙江）自由贸易试验区贡献的。在培育特色产业和新业态新模式、降低物流成本、对俄合作等方面进行了深入探索，已累积形成超 300 项制度创新成果。黑龙江省实施促进自贸试验区提升战略，制定了自由贸易试验区深化改革开放方案，激发片区产业发展活力和内生动力。2024 年 6 月，《中国（黑龙江）自由贸易试验区条例》正式施行。

（一）做亮最北自贸试验区

2019 年 8 月 26 日，国务院新闻办公开发布新设 6 个自由贸易试验区总体方案，其中黑龙江省是我国首次在沿边地区设立的自贸试验区之一，这将有利于通过改革创新辐射助推沿边开放，进一步提升沿边地区开发建设水平。中国（黑龙江）自由贸易试验区是中国最北自贸试验区，也是中国最北对外开放窗口。

中国（黑龙江）自贸试验区总面积 119.85 平方千米，分 3 个片区：哈尔滨片区 79.86 平方千米，黑河片区 20 平方千米，绥芬河片区 19.99 平方千米（含绥芬河综合保税区 1.8 平方千米）。

中国（黑龙江）自贸试验区战略定位及发展目标明确，即全面落实中央关于推动东北全面振兴全方位振兴、建成向北开放重要窗口要求，着力深化产业结构调整，打造对俄及东北亚区域合作的中心枢纽。经过 3~5 年的改革探索，努力建成营商环境优良、贸易投资便利、高端产业集聚、服务体系完善、监管安全高效的高标准高质量自由贸易园区。

1. 3 个片区功能定位清晰

中国（黑龙江）自贸试验区的 3 个片区主要功能划分清晰：哈尔滨片区重点发展新一代信息技术、新材料、生物医药、高端装备等战略性新兴产业，科技、金融、文旅等现代服务业和冰雪经济，建设对俄罗斯及东北亚合作的开放高地和联通国内、辐射欧亚的国家物流枢纽。黑河片区重点发展跨境能源资源综合加工利用、商贸物流、绿色食品、沿边金融、旅游康养等产业，打造沿边口岸物流枢纽和中俄交流合作重要基地。绥芬河片区重点发展木材、清洁能源、粮食等进口加工业和现代物流、商贸金融等服务业，建设商品进出口储运加工集散中心和面向国际陆海通道的陆上边境口岸型国家物流枢纽，打造中俄战略合作及东北亚开放合作的重要平台。

2. 以制度创新为核心突出黑龙江特色

按照中国（黑龙江）自由贸易试验区总体方案要求，坚持以制度创新为核心，突出龙江特色，从以下六个方面开展了建设和探索。一是加快转变政府职能。推进"证照分离"改革全覆盖和政务服务"最多跑一次"，建立健全以信用监管为核心、与负面清单管理方式相适应的事中事后监管体系。二是推动贸易转型升级。提升贸易便利化水平，加快建设具有国际先进水平的国际贸易"单一窗口"，扩大第三方检验结果采信商品和机构范围。加快跨境电子商务综合试验区、综合保税区、国家文化出口基地等建设。三是深化投资领域改革。全面落实外商投资准入前国民待遇加负面清单管理制度，支持"走出去"企业以境外资产和股权、采矿权等权益为抵押获得贷款。四是培育东北振兴发展新动能。积极扶持高端装备、新一代信息技术、智能制造、新材料、新能源等产业发展，加快国家新药临床试验基地建设，开展国际人才管理改革试点。五是深化金融领域开放创新。促进跨境投融资便利化，扩大人民币跨境使用，允许银行业金融机构与俄罗斯商业银行开展卢布现钞跨境调运业务资金头寸清算，完善卢布现钞跨境调运体系。六是建设以对俄及东北亚为重点的开放合作高地。在哈尔滨片区设立内陆无水港，适时启动绥化至黑河铁路扩能改造，推进绥芬河至俄罗斯格罗杰阔沃区间铁路扩能改造，支持成立独立法人的对俄购电运营主体，鼓励企业对境外投资合作所得回运产品开展贸易和加工，加快发展黑河黑龙江大桥桥头区经济，探索"两国双园"合作新模式。

3. 积蓄中蒙俄及东北亚合作新潜力

黑龙江省地处东北亚核心区，是共建"一带一路"重要节点，也是国家沿边开放大省。从前的边陲寒地变成了新时代的开放热土，一张构筑向北开放新高地的巨幅蓝图，在中国东北角铺展开来。

黑龙江省多举措提高利用外资质量，引导外资投向中高端制造、高新技术、传统制造转型升级、现代服务等领域，积极承接欧美、日韩等国家和地区已在东部地区设立的外资企业梯度转移，同时广泛对接境外企业，建立政府部门与外资企业间畅通高效的沟通渠道。

为加强对外投资合作，黑龙江省积极支持电站设备、重型机械、机车车辆等优势产业"走出去"，开展对外投资和跨国经营。

近年来，中俄合作不断深入。作为对俄合作大省的黑龙江大力推动对俄贸易提质增效，积极打造能源矿产、粮食、木材及纸浆、水生动物及冰鲜水产品、石化产品、中药材等对俄贸易进口基地；打造汽车及工程运输车辆、家电及信息产品、果蔬及农产品、箱包鞋帽和轻纺制品等对俄贸易出口中心，加力引进机电、轻纺等生产型企业落地，提升对俄出口供货能力。

随着提质升级行动实施，黑龙江省对俄跨境电商发展迅速，推动了哈尔滨、黑河、绥芬河和同江4个跨境电商综试区高质量发展，扩大海外仓建设规模，降低跨境物流服务成本。

随着开放的大门越开越大，黑龙江的国际"朋友圈"不断扩容：深化与共建"一带一路"国家合作；推进落实黑龙江省对接《区域全面经济伙伴关系协定》（RCEP）深化对日韩和东盟、澳新合作行动计划；加强与中亚、中东、非洲在石油勘探、能源矿产开发、基础设施建设等领域合作，拓展中东、拉美、非洲等新兴贸易市场；巩固与美国、加拿大、巴西等美洲国家贸易基础，扩大农产品、矿产品、能源产品等大宗商品及成套装备、原料药等机电和化工产品贸易规模；深化与欧盟各国贸易往来，扩大农业深加工、高端装备制造、汽车等产品进出口贸易规模……

哈尔滨海关的数据显示，2024年上半年，黑龙江省对"一带一路"沿线国家、其他金砖国家进出口规模持续扩大。其中，对"一带一路"沿线国家进出口额1353亿元，增长12.7%，占全省外贸总值的86.5%，同比提升2.3个百分点，对其他9个金砖国家进出口额1214.4亿元，增长14.2%，占全省外贸总值的77.7%，同比提升3.1个百分点。

（二）用好哈洽会与中俄博览会

1. 从哈洽会到中俄博览会

黑龙江省深入贯彻落实习近平总书记关于"要注重构筑合作平台，支持办好中俄博览会和哈洽会"的重要指示精神，按照"支持2024年在中国举办第八届中俄博览会及在博览会框架内举办第四届中俄地方合作论坛"部署安排，第八届中俄博览会于2024年5月16—21日在哈尔滨国际会展中心举办，同期举办第三十三届哈尔滨国际经济贸易洽谈会。

中俄博览会作为国家级、国际性的大型展会，是经中国和俄罗斯两国政府批准的，由中国商务部、黑龙江省人民政府与俄罗斯联邦经济发展部、工业贸易部共同主办，是落实中俄两国元首重要共识的平台，也是中俄两国政府部门和地方企业参与度最高的经贸活动之一，还是国际展览业协会（UFI）认证的博览会。自2014年开办以来，已成功举办8届，每年轮流在哈尔滨和叶卡捷琳堡举办，共有超过7200家企业和105万余名客商加入，累计签约4468亿元人民币，

第五章　构筑我国向北开放新高地

1990年第一届哈洽会场馆——黑龙江省展览馆（黑龙江省档案馆 供图）

是中国和俄罗斯两国之间规模最大、层次最高的综合性展会。

哈尔滨国际经济贸易洽谈会创办于1990年，是中国国内举办较早、层次较高、规模较大的对外经贸重点展会之一。30多年来，在全方位开放合作方面形成了独特优势，在招商引资、产业对接、技术合作方面积累了丰富资源，在经贸交流、对外开放、品牌消费方面取得了一系列务实成果，已经成为以对东北亚国家经贸合作为重点、全方位对外合作交流的国际化品牌平台。

2024年中俄博览会以"合作、互信、机遇"为主题，设哈尔滨国际会展中心主会场和4个分会场，展览总面积38.8万平方米。其中，主会场展览总面积6.8万平方米，设立5大展区；同期围绕中俄地方合作、能源装备、文化旅游、青年交流、金融合作、互市贸易等举办一系列配套活动。俄罗斯近50个联邦主体1000余家企业参展参会、推介对接。

2. 展会历史沿革

卅载光阴弹指过，恰是风华正茂时。首届哈洽会于 1990 年 6 月 6 日开幕，为了东北振兴的需要，迎着改革开放的春风，哈洽会成为黑龙江面向世界对外开放的重要窗口。

历经"中国对苏联、东欧国家经济贸易洽谈会""中国哈尔滨边境地方经济贸易洽谈会""中国哈尔滨经济贸易洽谈会""中国哈尔滨国际经济贸易洽谈会"，"中国 – 俄罗斯博览会"新姿登场。一路走来，哈洽会与中俄博览会共创辉煌，历经 5 次重要转折，坚守初心使命，终于炼成了向世界展示黑龙江的一张亮眼名片。

哈洽会，让黑龙江的边贸、内贸和国际贸易得到了飞速发展，助力形成由单一的沿海开放外经贸发展格局变成了沿海、沿边同时开放的外经贸发展格局。

回顾以下五个阶段发展的精彩历程，更是对未来的憧憬和希冀。

第一阶段（1990—1991 年），创办。

20 世纪 90 年代，我国加快改革开放的步伐，为了持续扩大开放，黑龙江省作为沿边省份提出了"南联北开，全方位开放"的战略。

1990 年，国务院批准在黑龙江省哈尔滨市举办"中国对苏联、东欧国家经济贸易洽谈会"。由原外经贸部主办，黑龙江省人民政府和哈尔滨市人民政府承办，是在我国同苏联、东欧国家共同开放的历史条件下，黑龙江省实施南联北开、加快对外开放战略的成果。

第二阶段（1992—1995 年），成长。

苏联解体后，从 1992 年起"中国对苏联、东欧国家经济贸易洽谈会"改称"中国·哈尔滨边境、地方经济贸易洽谈会"，由原外经贸部指导，黑龙江省人民政府和哈尔滨市人民政府共同主办，参加国别包括俄罗斯等独联体及东欧国家。在 1993 年第一次有我国台湾地区和香港地区的客商参会、参展。1994 年以后，来自日韩、东南亚及我国港澳台等地的客商加入，国内"南联"也列为重要内容，现汇贸易比重增大，哈洽会迎来了新的机遇。

"南联北开"、构筑"东北亚国际经贸大通道"，使黑龙江省和哈尔滨市开始登上了世界经济的舞台。

第三阶段（1996—2004年），发展。

1996年，第七届展会正式更名为"中国哈尔滨经济贸易洽谈会"，由此开始，"哈洽会"的名字延续至今，在全国率先走出"突出俄罗斯、面向东北亚、辐射全世界、服务全中国"的特色办展之路。随后，哈洽会成为面向国际的博览会，有更多的中外客商参与其中。

第四阶段（2005—2013年），突破。

从第十六届哈洽会开始，由商务部、国务院东北办、中国贸促会和黑龙江省人民政府共同主办，联合国工业发展组织、俄罗斯经济发展与贸易部等协办，并于第十七届更名为"中国哈尔滨国际经济贸易洽谈会"，哈洽会进入了国家级、国际性展会的新阶段。

借助哈洽会这个开放平台，黑龙江省企业加快步入世界市场的广阔天地，不仅把龙江特色产品、龙江形象推向世界，还历练出了一支高素质的国际经贸队伍。哈洽会成为让世界了解龙江、认识龙江的一张重要名片，也成为黑龙江省联通世界的桥梁。

第五阶段（2014年至今），创新。

2013年10月，中俄两国总理定期会晤期间，商定将"中国哈尔滨国际经济贸易洽谈会"升级为"中国-俄罗斯博览会"。经国务院批准，自2014年起，"中国哈尔滨国际经济贸易洽谈会"更名为"中国-俄罗斯博览会"（简称为"中俄博览会"），由商务部、黑龙江省人民政府、俄罗斯联邦工业和贸易部、俄罗斯联邦经济发展部共同主办，黑龙江省会展事务局（现黑龙江省国际博览发展促进中心）、商务部外贸发展事务局承办。

前两届中俄博览会分别在 2014 年和 2015 年于黑龙江省哈尔滨市举办,从第三届中俄博览会开始,每年在中国和俄罗两国之间轮流举办,哈尔滨市作为中国永久举办城市,叶卡捷琳堡市作为俄罗斯永久举办城市。每届盛会,依据中俄两国合作的重点确定博览会主题。

卅载芳华,倏忽而过。回望哈洽来时路,承载着几代人的支持与厚望,凝聚着建设者的辛劳与汗水,汇五洲四海宾朋,终铸成金色品牌。

政要聚首、政策发布、经贸洽谈、企业对接、信息汇聚、智慧碰撞,展品变商品,展商变投资商。从 1990 年破茧而出,哈洽会累计展览总面积近 130 万平方米,参展国家和地区总数突破 110 个,境外客商总数超过 27 万人次,累计交易额近 9000 亿元人民币。

"久久不见久久见,久久见过还想见。"商机在交流中捕捉,精彩在合作中绽放,哈洽会与时代共成长。充分利用国内国际两个市场、两种资源,把握国内国际市场新需求,畅通国内国际双循环,联通世界,扬帆远航。

3. 见证者们的"哈洽之音"

哈洽会与中俄博览会,成为黑龙江经济发展的重要对外平台,而立之年的哈洽会见证了改革开放以来黑龙江省经贸发展的艰难过程,也承载着几代"会展人"的记忆与情怀。在这里,我们通过三位主人公的故事来了解哈洽会为龙江振兴带来的变化。

闫荣,曾任黑龙江省北安市自民乡副乡长,主抓乡镇企业工作,在 1992 年 6 月走进了哈洽会。

在去哈洽会之前,闫荣还在纳闷哈洽会能搞出什么名堂来,可当他走进了哈洽会的展厅时大吃一惊,重工业产品、轻工业产品、电子产品、农牧业产品、林业产品等,琳琅满目。腿走累了,眼睛看累了,但闫荣却心潮澎湃、激动不已,这让他看到了黑龙江经济腾飞的希望。

第五章 构筑我国向北开放新高地

当闫荣谈对哈洽会的感受时,他从当年的哈洽会中获得了三个"大"。一是大开眼界。作为一名农村干部,每年只知道抓"三农"工作,却不知还有这样一个精彩世界,在哈洽会上可谓大开眼界、大长见识,那些没见过的产品和技术,让他对乡经济发展增添了信心。二是大有收获。他在参观展厅时了解到,市里有个制药厂需要大量氨瓶,当时全部从外省进货,而他所在的自民乡则很符合建设氨瓶厂的条件,于是他们与哈尔滨飞机制造厂签订了购买氨瓶机械和技术指导的合同。合同签订之后,又听到省药材公司介绍人参、平贝、北芪、龙胆草等中草药在南方如何受欢迎的宣传,自民乡昼夜温差大、土质肥沃,正适合种植这些中草药。三是大见成效。从哈洽会回来之后,自民乡建立了氨瓶厂。厂房建完后,哈尔滨飞机制造厂给他们运来了制造氨瓶的机械,还有技术人员给安装和指导,半年后,氨瓶厂投入生产,产品供不应求,这也让乡镇企业起死回生。同时,开始种植中草药,在闫荣的带动下,他的儿女和村民都开始种植中药材。闫荣也被誉为"北药大王",多次受到省、地、县的表彰和奖励。

战立新,曾任黑龙江省森工总局东方红林业局机关干部,他从1996年开始参加每年的哈洽会,从参观者的身份转变成创业者,再到后来的产品品牌创新者。

1996年,战立新作为森工集团东方红林业局的代表参加了哈洽会。他生在林区、长在林区,几乎未走出过林区,缺少接触外界的机会。走进哈洽会的展厅,琳琅满目的企业和商品令他看花了眼。由于他在林业局多种经营局工作,每年都有机会参加哈洽会。他们把自产的大米、大豆、木耳、山野菜等原字号的产品带去了哈洽会,可是一经对比,让他感受到了不小的差距,产品缺少品牌、加工和包装,甚至没有企业宣传。从那时开始,他认真搜集了许多知名企业的资料,每次参会带回家的资料就有几十斤重。

2002年,战立新开始尝试包装林区的黑蜂松树蜜,灌装在瓶子里并贴上标签纸，他带着自己的产品参加了哈洽会。令人意想不到的是，他的产品在哈洽会上受到很多关注，哈洽会结束后，黑森配送中心山特卖场便出现了他的产品。2005 年，战立新申请了"神顶峰"商标，并注册了黑龙江神顶峰黑蜂产品有限公司。2007 年，他申请完成 QS 认证，同年获得了中国国际林业产业博览会金奖。

经过不断探索实践，战立新的产品受到了更多消费者的喜爱，不仅打开了全国市场，还登上了国际大型展会的展厅，成为黑龙江省的特色产品。

高淑荣，1998 年从工艺品厂下岗了，突然间离开忙碌了近 30 年的工作岗位让她心里很不是滋味，更重要的是没有了收入，40 多岁的她找工作屡屡碰壁，而上大学的孩子正等着用钱。于是高淑荣联系了几个下岗姐妹，在一条背街处租了两间很便宜的房子干起了老本行——工艺品编织。

很快，高淑荣她们编织了属于自己特色风格的产品，但如何打开市场成为摆在面前的难题。通过外贸部门的老同学介绍，高淑荣决定把产品拿到哈洽会上试一试，通过展会把工艺品厂产品推向市场。

高淑荣的工艺品厂经过紧锣密鼓的筹备，带着产品参加了 1999 年的哈洽会。哈洽会上，参观洽谈的中外客商摩肩接踵把展厅挤得水泄不通，很多外商都对她们的产品产生了浓厚的兴趣，当时就签订了包括销往日本草席在内的 4 份合同。从此，每年的哈洽会上都有她们的一席之地，随着哈洽会的发展壮大，高淑荣的工艺品厂也不断增加新品种、扩大规模，销售额成倍地增长。她们的手工艺品通过哈洽会打入了国际市场，工艺品厂也日益发展壮大。

（三）以一区引领多区联动

中国（黑龙江）自由贸易试验区在建立之初，就确立了发展目标：经过 3~5 年改革探索，对标国际先进规则，形成更多有国际竞争力的制度创新成果，推动经济发展质量变革、效率变革、动力变革，努力建成营商环境优良、贸易投资便利、高端产业集聚、服务体系完善、监管安全高效的高标准高质量自由贸易园区。

中国（黑龙江）自由贸易试验区的实施范围119.85平方千米，其中三个片区分别为：哈尔滨片区、黑河片区、绥芬河片区，三个片区重点加强产业要素优势互补，深化资源共享，共同推进制度创新、共同深化产业互利合作、共同推进对外开放水平，具有以下几个优势。

1. 哈尔滨片区：转型赋能深耕蓝海

中国（黑龙江）自由贸易试验区哈尔滨片区规划面积为79.86平方千米，实施范围全部位于哈尔滨新区，具有以下几个优势。

一是区位条件优越。地处东北亚的中心位置，是连接中蒙俄经济走廊和亚欧国际货物运输大通道的重要节点，以及联通欧亚与北美的航空枢纽，与俄罗斯远东地区及日本、韩国、蒙古国均处在2小时航空交通圈，航运可与俄罗斯远东港口相通，可对接国际陆海联动大通道。

二是制度优势明显。依托国家级新区、国家级高新技术产业开发区、国家级经济技术开发区以及利用深哈对口合作机制采用飞地模式辟建的深圳（哈尔滨）产业园区，形成了"五区联动"，享受多重政策叠加，通过整合多种体制机制，赋予了哈尔滨片区更为灵活的制度优势。

三是产业基础雄厚。覆盖了哈尔滨新区科创中心、国际贸易会展中心、金融商务中心、国际文化旅游中心等多个重点产业园区，集聚了一大批以新一代信息技术、新能源、新材料为主的战略性新兴产业，拥有215个科研院所、23所高校和200家高技术企业，通过科创策源，厚植发展新动能。

哈尔滨片区聚焦发展战略性新兴产业，科技、金融、文旅等服务业和冰雪经济，建设对俄及东北亚区域合作的开放高地和联通国内、辐射欧亚的国家物

振兴之路

哈尔滨新区（陈南 摄）

流枢纽，打造东北高质量发展的增长极和示范区。

2019年9月28日，哈尔滨片区管委会举行了挂牌仪式，标志着哈尔滨正式进入"自贸时代"。

2. 黑河片区：畅通循环提升效能

2019年9月17日，中国（黑龙江）自由贸易试验区黑河片区挂牌成立，这标志着我国最北贸易试验区片区建设正式启动。

黑河片区贯彻新发展理念，推动高质量发展，主动融入国家重大发展战略，探索沿边开放新路径，更好地服务对外开放总体战略布局，推动形成沿边开放的制度创新高地。

黑河片区占地面积20平方千米，分为以下四个功能区：一是综合保税区。

以黑河保税物流中心（B型）为核心，规划面积3平方千米，发展保税仓储物流产业，电子商务、保税期货交割、保税展示销售服务，保税加工产业。二是跨境产业集聚区。发展机电产品进出口制造、木材制品加工、粮食绿色食品加工、电力石油天然气煤炭矿产品等能源资源进口及加工利用产业。三是跨境经贸旅游示范区。以大黑河岛为主体，规划面积0.92平方千米，建设以经贸旅游中心、休闲度假中心、康养教育中心为重点的跨境休闲旅游度假示范区。四是产城融合区。利用新城区功能，建设设施齐全、功能完善的城市金融服务中心、商业服务中心，形成产城一体化功能区。

集中打造7个产业发展平台：国际合作政策平台、跨境物流平台、互市贸易平台、投融资平台、跨境电子商务平台、科技和人才服务平台、涉外法律服务平台。

振兴之路

中国（黑龙江）自由贸易试验区黑河片区（王颖 摄）

黑河片区入区企业同时享有自由贸易试验区、边民互市贸易区、跨境经济合作区扶持政策，还享有跨境电商综合试验区、兴边富民试点城市等政策。黑河片区着力构建高质量经济发展环境，围绕企业全生命周期和全生产要素，着力培育诚信、低成本的市场环境，公开、可预期的法治环境，链条完整、特色鲜明的产业环境，开放、生态宜居的人文环境。黑河片区加强与俄方营商环境领域国际合作，推进与布市自由港携手打造跨境投资贸易便利化发展环境。

3. 绥芬河片区：内外联动补链强链

中国（黑龙江）自由贸易试验区绥芬河片区于 2019 年 9 月 29 日正式挂牌启动，面积 19.99 平方千米，主要包括绥芬河边境经济合作区、中俄互市贸易区、黑龙江绥芬河综合保税区、铁路口岸作业区、公路口岸作业区、跨境合作区和金融服务区七大功能区，是全省乃至全国沿边地区深度融入共建"一带一路"、落实兴边富民行动、深化新时代中俄全面战略协作伙伴关系的重要平台。

第五章 构筑我国向北开放新高地

片区立足区位优势，突出对俄特色，聚焦贸易便利化、投资自由化、金融国际化三大领域，大力探索对俄沿边开放以及面向东北亚合作的"首创性"制度举措，积极构建与俄罗斯远东大开发战略、自由港制度协同开放机制，打造与国际通行规则接轨的审批流程、贸易监管、企业服务体系，以制度型开放促进商品和要素流动型开放。

片区优化产业结构，深入对接国际国内两种资源、两个市场、两类规则，依托重点开发开放试验区、综合保税区、边境经济合作区、跨境经济合作试验区、互市贸易区、跨境电子商务综合试验区和境外园区功能叠加、配套联动优势，重点发展木材、粮食、绿色食品、水产品、清洁能源等进出口加工业和金融、商贸、现代物流等服务业，探索开展离岸贸易、离岸金融等新兴服务贸易，建设陆上边境口岸型国家物流枢纽，打造沿边地区营商环境优良、高端产业集聚、贸易投资便利、监管安全高效、服务体系完善的自由贸易试验区。

在以中国式现代化全面推进中华民族伟大复兴的历史进程中，黑龙江省具

中国（黑龙江）自由贸易试验区绥芬河片区（中共绥芬河市委党校 供图）

有十分重要的战略地位和作用。改革开放 40 多年来，黑龙江干部群众胸怀国之大者、勇于担当作为，在服务国家对外开放战略部署的基础上，以对俄经贸合作为重点的全方位对外开放也取得了重大历史性成就，成为国家向北开放桥头堡和对俄合作主力省。截至 2024 年 6 月，黑龙江省拥有对俄贸易企业超 1000 家，2023 年对俄贸易实现 2100 多亿元人民币、增长 13.5%，位列全国第 2。

展望未来，黑龙江省坚决落实习近平总书记关于"构筑我国向北开放新高地"的重要指示，进一步增强前沿意识、开放意识，全面提升对内对外开放水平，深化新时代对俄全面战略合作，建好建强最北自贸试验区，打造高能级对外开放平台，在畅通国内大循环、联通国内国际双循环中作出黑龙江新的更大贡献。

后　记

为了把习近平总书记在东北特别是在黑龙江省讲话的精神落在实处，把"中国式现代化的黑龙江故事"讲好，全景式展现黑龙江省"全面振兴，全方位振兴"的实践成果，中共黑龙江省委党校（黑龙江省行政学院）组织编写了《振兴之路——中国式现代化的黑龙江故事》一书。常务副校（院）长周英东同志高度重视编写工作，组织召开专题会，研究部署编写工作，提出具体要求，并亲自审定编写提纲。

为了保证编写工作的顺利进行，成立了由副校（院）长梁謇同志任组长，王丽、李金柱同志任副组长的编写工作领导小组，负责统筹、协调本书的编写工作。本书的统稿人为许一飞，常颖同志参与审定，承担本书编写工作的人员有：第一章，陈晨、王晓蓓、杨明莉、杨雪敏；第二章，那丹丹、齐英南、邹亚光、谭婷婷；第三章，王勇刚、刘绪丹、刘雨欣；第四章，赵春辉、范婷婷、桑雨薇、陈简、孙顺顺；第五章，徐旭、于光妍、李雨晴、汝萌、黄龙。

在本书的编写过程中，还得到了省委政研室原一级巡视员宋加忠、黑龙江大学经济与工商管理学院原书记乔榛、黑龙江省冰雪产业研究院院长张贵海、黑龙江省社会科学院东北亚研究所原所长笪志刚等资深专家学者的鼎力支持，为本书提出了宝贵的修改意见。此外，本书还吸纳借鉴了学界业界有关研究成果及有关单位的资料数据，在此一并致谢。本书编写组的同志饱含为家乡代言的激情，以高度的责任感、使命感投身于编撰工作，但囿于编者水平有限，难免存在不足之处，我们以最真诚的态度欢迎读者指正。

编者

2024 年 12 月